AF620065

L'AMBASSADRICE

ET

SES DROITS,

PAR

Mr. MOSER,

Conseiller de la Cour de la Sérénissime Maison de Hesse-Hombourg.

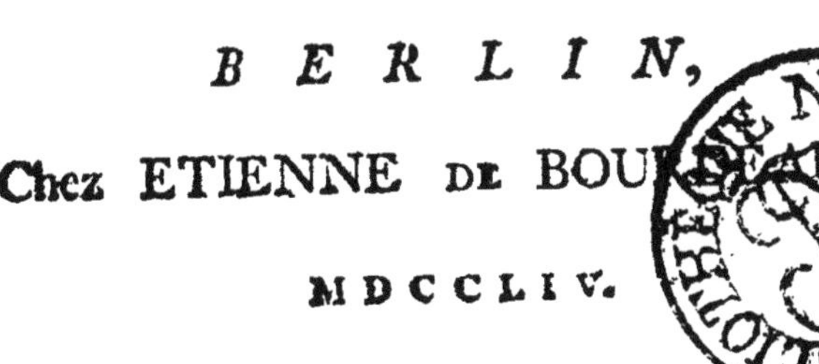

BERLIN,

Chez ETIENNE DE BOURDEAUX,

MDCCLIV.

TABLE

DES

CHAPITRES.

TABLE DES CHAPITRES.

AVANT-

AVANT-PROPOS.

C'EST une remarque fondée sur l'expérience, que ceux que leur état a placés à la tête des affaires publiques, n'ont ni le tems ni le désir de recueillir ces cas journaliers qui pourroient contribuër à l'éclaircissement de ce qui concerne le droit commun des Souverains & des Peuples; ou que, s'ils s'en occupent quelquefois, du moins ils ne pensent pas qu'ils méritent leurs soins & leurs attentions. Ce sont pour eux des évènemens ordinaires qui leur paroissent absolument étrangers à la politique. D'autres, au contrai-

re, qui sont nés avec un esprit capable d'approfondir les matières & de tirer des conséquences de tout ce qu'ils voient, n'en sauroient tirer avantage pour la matière que nous traitons, parce qu'ils manquent d'expérience, faute de connoitre le grand monde.

Quoiqu'il en soit, il est certain que les remarques sur ces différens cas particuliers, dont la frivolité, pour ainsi dire, ne paroit pas mériter l'attention du sage, sont comme dispersées, & qu'on ne les trouve bien souvent que dans des endroits où l'on ne se seroit jamais avisé de les aller chercher. De-là naissent des difficultés immenses, lorsqu'il s'agit de traiter du droit public fondé sur les traités & plus encore sur les coutumes des Souverains; à moins qu'on ne veuille se contenter des idées d'un savant, qui de son cabi-

binet prétend gouverner le monde qu'il ne connoit pas, à-peu-près comme Descartes *qui consultoit ses idées pour arranger le monde matériel, & non les connoissances fondées sur une Physique expérimentale. Au-lieu d'un système de politique qui doive se réaliser dans le monde, un tel homme nous donne celui d'une république de* Platon, *laquelle ne peut jamais exister qu'en idée.*

De-là aussi cette incertitude qui embarrasse si fort les Souverains, que, même de l'avis de leurs Ministres & Conseillers, on se fonde quelquefois au hasard sur le droit des gens, dans un cas auquel les maximes des autres Souverains sont directement opposées; d'où il arrive qu'on juge par d'autres loix ce qui devoit être décidé par le droit des gens. Ce défaut m'a fortement frappé, lorsque j'ai commencé à tourner ma vuë ſur le droit des Ambaſſadeurs, & que je l'ai étudié d'une manière plus particulière. Ce que j'en dis ici, je l'ai puiſé dans les véritables ſources, où juſqu'ici perſonne que je ſache n'avoit encore puiſé.

Je me ſuis principalement attaché à parler des droits des Ambaſſadrices; matière qu'on a toujours aſſez négligée, & qui pourtant, vu ſon utilité, mérite qu'on emploie quelque tems & quelque peine pour la bien traiter.

Hugues Grotius, *le père du droit des gens, Ambaſſadeur lui-même à la Cour de France, & l'époux d'une femme digne de ſon eſtime & de ſon amour, ne fait aucune mention des Ambaſſadrices, dans ſon traité du* droit de la guerre & de la paix; *en quoi il a été imité par ſes ſucceſſeurs, qui tous ont négligé d'en parler, comme me si leur plume se fût avilie par une telle question. Mon père est le prémier qui dans son livre* des principes du droit des gens, *écrit en Allemand, ait parlé en passant des Ambassadrices.*

Mr. Wicquefort *dans son* Ambassadeur, *a fait quelques remarques historiques sur cette matière, dont j'ai profité; mais ces remarques sont en très-petit nombre, & même très-imparfaites. C'est ce qui m'a obligé de rassembler toutes les remarques qui étoient dispersées çà & là dans différens Auteurs, & de les rapporter à des règles certaines & conformes aux loix & à l'analogie du droit des gens.*

Comme je suis le prémier qui ai traité de cette matière (du moins je n'en connois point d'autre), on ne doit pas être surpris que cet essai ne soit à beaucoup d'égards im-

parfait & défectueux. Mais c'est une raison pour que je trouve de l'indulgence dans ceux qui daigneront le lire.

Je croirois mes peines bien recompensées, si cet écrit encore informe donnoit occasion à quelques Dames revêtues du respectable caractère d'Ambassadrice, d'y faire quelques remarques tirées de leur propre expérience, pour les confier ensuite à des mains assez habiles pour en tirer parti. On trouve toujours une satisfaction sécrette à s'occuper soi-même.

A *Hanau*, le 27. Mars 1752.

L'AMBASSADRICE

ET

SES DROITS.

CHAPITRE I.

De l'origine & du titre d'Ambaſſadrice, & des Dames qui ont été honorées de cette qualité.

§. I.

C'EST en Italie qu'a pris naiſſance dans ſa plus grande partie le cérémonial des Ambaſſadeurs. C'eſt auſſi là que nous devons chercher celui qui concerne les Ambaſſadrices, les honneurs

 qu'on

qu'on leur rend, & les prérogatives dont elles jouïssent. On a commencé, sous le règne du Pape Sixte V. à donner le titre Italien d'*Ambassiatrice* aux femmes des Ambassadeurs, en faveur de celle du Comte d'Olivarez, l'un des plus grands Seigneurs d'Espagne, & Ambassadeur d'obédience à Rome. Les honneurs que sa qualité d'Ambassadrice lui attira, ne furent pas d'abord extrêmement brillans; mais étant accouchée à Rome de son prémier fils, qui devint après Duc d'Olivarez & prémier Ministre sous le règne de Philippe IV. Roi d'Espagne, & l'Ambassadeur aïant à cette occasion donné une superbe fête à toutes les Dames de la faction Espagnole, on ne parla plus à Rome que de l'accouchement de Madame l'Ambassadrice. Telle est l'époque du titre d'*Ambassadrice* qu'on a depuis affecté aux femmes des Ambassadeurs, & dont l'usage a été introduit dans toutes les autres Cours.

L'AMBASSADEUR demanda au Pape, comme une grace singulière, la liberté pour son épouse de lui baiser les piés & de recevoir la bénédiction que sa Sainteté donnoit ordinairement aux Da-

Dames les plus qualifiées après leurs couches. Le Pape la lui accorda volontiers, & fit tout préparer pour recevoir l'Ambaſſadrice avec les mêmes cérémonies dont on uſoit envers les plus illuſtres Princeſſes.

Ces honneurs extraordinaires donnèrent occaſion au bruit qui ſe répandit, que le Pape l'avoit publiquement déclarée *Signora Ambaſſiatrice*; & dès lors perſonne ne fit plus difficulté de la qualifier de ce titre. Quelque tems après, elle eut de grands démêlés avec les Princeſſes Romaines de la maiſon Colonna & Urſini, & avec pluſieurs autres, parce qu'elle prétendit le rang devant celles-ci. Les Ambaſſadeurs, qui depuis ſe ſont trouvés à Rome avec leurs épouſes, en ont pris occaſion de pouſſer loin les prétentions des Ambaſſadrices, & de prétendre pour elles les mêmes honneurs que la Ducheſſe d'Olivarez avoit voulu s'arroger.

Mr. Vollmar, Ambaſſadeur de l'Empereur, écrit ces mots dans ſon journal. „ Le mardi, 5. de ce mois (d'Avril „ 1644.), lorsqu'on diſoit que Mr. „ Servient (Ambaſſadeur de France)

 „ al-

„ alloit arriver, Mr. le Comte d'Avau
„ m'envoya ſur le ſoir un de ſes dome-
„ ſtiques qui m'annonça la même choſe,
„ & me dit de plus, que Madame ſon
„ épouſe, qu'il appelloit Madame l'Am-
„ baſſadrice, l'accompagnoit. Je le fis
„ remercier de cet avis, en lui faiſant di-
„ re que je l'avois déjà appris d'autre
„ part, & de plus qu'il avoit demandé
„ lui-même, que quelques-uns des nô-
„ tres lui allaſſent au devant en caroſſe,
„ pour le recevoir & rendre à Madame
„ ſon épouſe les mêmes honneurs qu'à
„ lui, à cauſe que la femme reſplendit
„ de la dignité de ſon mari."

§. II.

Le ſiècle ſuivant ne fournit des éclairciſſemens pour l'hiſtoire des Ambaſſadrices, que depuis la tenuë du célèbre Congrès de Weſtphalie, qui a donné un nouveau jour à pluſieurs matières rélatives au droit des gens, & qu'on peut regarder comme la véritable époque, à laquelle les droits des Ambaſſadeurs ont été fixés ſur des principes certains & inconteſtables.

Cet-

CETTE époque eſt auſſi celle du plus grand éclat avec lequel ont paru les Ambaſſadrices, & en même tems celle des prétentions qu'elles ont fait valoir, & qui dans la ſuite ont ſervi de modèle pour régler le cérémonial rélatif à leur dignité.

LES François, toujours infiniment complaiſans pour le beau ſexe, ont auſſi été les prémiers à donner de l'éclat au rang de leurs épouſes, & à faire rejaillir ſur elles celui qui les environne. Le titre de *Madame l'Ambaſſadrice*, titre juſqu'alors inconnu en Allemagne, & qui leur fut prodigué par leurs époux, ne contribũa pas peu à rehauſſer l'éclat du rang que leur donnoit déjà leur qualité de femmes d'Ambaſſadeurs. Ils ſe fondoient ſur ce que la femme doit *reſplendir de la dignité de ſon mari.*

§. III.

CE que nous avons dit juſqu'ici regarde les Ambaſſadrices qui accompagnent leurs époux au lieu de leur réſidence. Leurs titres, à proprement parler, ne ſont que de vains noms; les honneurs, dont on les comble, sont seulement propres à flatter leur vanité. Elles ne deviennent, à proprement parler, Ambassadrices, que lorsqu'elles mêmes sont revêtuës du caractère par lequel elles représentent le Souverain. Cette plénitude d'honneur & de puissance leur est rarement conférée.

L'HISTOIRE nous fournit une foule d'exemples de Dames, qui ont brillé par la supériorité de leur esprit dans le maniement des affaires politiques, & qui ont surpassé par l'étenduë de leurs vuës, leur sagacité, & leur pénétration, des hommes qui avoient blanchi dans les affaires. Mais comme l'usage du monde leur a fermé tout accès dans les mystères de la politique, ce n'est que très-rarement qu'on voit une Dame à la tête d'une Ambassade formelle.

WICQUEFORT écrit ces lignes: „ On peut dire, que la Reine Eléonore „ de France, & Marie, Reine d'Hongrie, étoient Ambassadrices, celle-ci „ de l'Empereur Charles V. & celle-là „ du Roi François I. lorsqu'en l'an „ 1534. elles s'assemblèrent à Pommy, pour y traiter d'une paix, qui „ en-

„ enfin n'aboutit qu'à une trève de
„ trois mois."

MARGUERITE Duchesse, veuve de Savoie, tante de Charles d'Autriche, depuis Empereur, aidée des lumières de Matthieu Langen, depuis Cardinal, conclut en l'an 1508. à Cambrai, un traité avec le Cardinal d'Amboise contre la République de Venise, pour l'obliger à restituër les places qui appartenoient au Pape, à l'Empire, & à Louïs XII. comme Duc de Milan: l'on peut dire que dans cette occasion elle remplissoit les fonctions d'Ambassadeur de l'Empereur Maximilien, son père.

UNE autre Marguerite, sœur de François I. veuve du Duc d'Alençon, fut envoyée en Espagne en l'an 1525. par la Régente de France, sa mère, & fit à Madrid les prémières propositions touchant la liberté du Roi, son frère. Elle étoit accompagnée de l'Archevêque d'Embrun, qui lui avoit été donné pour diriger ses démarches. Voici en quels termes Wicquefort parle de la députation de cette Princesse, *Tome II de l'Ambassadeur, p.* 430. „ Si bien que l'on ne peut
„ nier qu'elle n'ait été Ambassadrice,

 „ quoi-

„ quoiqu'elle n'en eût pas la qualité.
„ Plusieurs traités ont été faits par des
„ Princesses & par d'autres Dames;
„ mais il ne se trouve point qu'on leur
„ ait donné la qualité d'Ambassadrice."

ETRE Ambassadrice sans en avoir la qualité, c'est en quelque façon ressembler aux Evêques *in partibus*, qui ont le nom d'Evêques sans en avoir la jurisdiction. Autre chose est de se trouver muni d'un plein pouvoir pour traiter quelque affaire; & autre chose de hasarder soi-même quelques propositions, en vertu des lettres de créance, qui donnent un certain caractère avec un droit au cérémonial qui y est attaché. Tout ce que dit Wicquefort n'a aucun rapport avec une véritable Ambassade; c'étoient des visites, des abouchemens entre personnes, que le rang dispense déjà par soi-même de pouvoir être employées à de telles députations. Telles étoient les Princesses, que cet Auteur fait passer mal à propos pour des Ambassadrices.

JE n'ai pu trouver que deux exemples de Dames, qu'on peut qualifier véritablement du titre d'Ambassadrices, l'une avec tout l'éclat de ce caractère, & l'autre

dans

dans une affaire de la plus grande délicatesse & de la dernière conséquence.

La prémière est la Maréchale de Guébriant, qui, selon le rapport de Wicquefort, est la seule à qui le caractère d'Ambassadrice fut accordé l'an 1646. pour paroitre avec plus d'éclat à la suite de la Princesse Marie-Louïse de Mantouë, épouse de Uladislas, Roi de Pologne. C'est le seul exemple dont l'histoire fasse mention.

Mr. le Laboureur, qui a donné dans un assez gros volume le récit du voyage de cette Reine, y marque des particularités fort considérables des honneurs que la Maréchale se voulut faire rendre par la Reine, qu'elle avoit ordre de conduire, & de ceux qu'elle obtint en effet, tant à la suite de cette Princesse, qu'à son retour en Hongrie, en Allemagne & en Itálie, où elle voulut outrer les prérogatives attachées à son caractère d'Ambassadrice. Mais je ne me souviens point d'y avoir lu l'insolence, avec laquelle elle osa prétendre en Pologne le même traitement & les mêmes honneurs que l'on y avoit autrefois fait à l'Archiduchesse, mère de la Reine défunte, lorsqu'elle le y conduisit sa fille. J'ai eu occasion de parler fort souvent à Madame de Guébriant. Elle avoit de l'esprit, mais beaucoup moins qu'elle ne s'en faisoit accroire. Outre cela, elle avoit de très-grandes foiblesses, qui deshonoroient le rang où elle avoit été élevée. L'on ne sauroit nier qu'il ne soit indigne de la majesté d'un Roi de se faire représenter par une femme, & sur-tout par une femme telle qu'étoit la Maréchale de Guébriand. Si Louïs XIV. eût été en âge, il n'auroit pas certainement ainsi compromis sa dignité.

MR. Amelot, dans ses *Mémoires*, *Tom. I. pag.* 557. l'appelle une des plus habiles femmes de son siècle, & fait en peu de mots le récit suivant de sa négociation. „ Ce qu'elle fit, dit-il, en Pologne en „ 1645. où elle conduisit la Reine Marie-Louïse de Mantouë, est une preuve authentique de son habileté. Car „ à son arrivée à Varsovie, où elle croyoit „ n'avoir autre chose à faire qu'à mettre la Reine au lit avec Uladislas, son „ mari, elle trouva ce Roi si prévenu de „ certains bruits qui couroient, & si envenimé par les lettres du Marquis de „ Bois-

„ Boisdauphin, fils aîné de la fameuſe
„ Marguerite de Sablé, qu'il vouloit à
„ toute force renvoyer ſa femme en
„ France. Une affaire de plaiſir en de-
„ vint une d'Etat: les charmes de la Rei-
„ ne, qui étoit alors la plus belle Prin-
„ ceſſe de l'Europe, ne ſervoient qu'à
„ augmenter les ſoupçons du Roi. Ce
„ qui devoit l'enflammer étoit ce qui le
„ glaçoit, à cauſe des nouvelles qu'on
„ lui avoit mandées. Bien en prit à la
„ Reine d'être accompagnée de la Ma-
„ réchale, qui montra dans cette ren-
„ contre imprévuë une ſupériorité d'e-
„ ſprit, à laquelle Uladiſlas ne put réſi-
„ ſter longtems. Deſorte que cédant à
„ la force de la raiſon, de la bienſéance
„ & de la politique, il conſomma ſon
„ mariage avec la Princeſſe; & que,
„ pour témoigner la haute eſtime, qu'il
„ faiſoit de la perſonne de l'Ambaſſadri-
„ ce, il déclara que ſon intention étoit
„ qu'on lui fît tous les mêmes honneurs
„ qui avoient été rendus à l'Archidu-
„ cheſſe d'Inſpruck, Claude de Medicis
„ en 1637. lorsqu'elle amena à Varſovie
„ la Reine Cécile, fille de l'Empereur
„ Ferdinand II. prémière femme d'Ula-

„ diſlas.

„ diflas. La caufe de la haine que Bois-
„ dauphin portoit à la Reine Marie, é-
„ toit qu'elle avoit dégouté de lui la Da-
„ me de Choifi, fa confidente, dont il
„ étoit éperdument amoureux. La Ma-
„ réchale mourut en 1654. pendant la
„ négociation de la paix des Pyrénées.
„ Elle étoit nommée pour être prémiè-
„ re Dame d'honneur de la Reine-Infan-
„ te, Marie-Thérèfe."

L'AUTRE Dame eft la Comteffe de Königsmarck, maîtreffe d'Augufte II. Roi de Pologne.

VOICI ce que Mr. de *Voltaire* (*) en écrit. „ Augufte aima mieux alors
„ recevoir des loix dures de fon vain-
„ queur, que de fes fujets. Il fe dé-
„ termina à demander la paix au Roi de
„ Suède, & voulut entamer avec lui un
„ traité fécret. Il falloit cacher cette
„ démarche au Sénat, qu'il regardoit
„ comme un ennemi encore plus intrai-
„ table. L'affaire étoit délicate; il s'en
„ repofa fur la Comteffe de Königs-
„ marck, Suédoife d'une grande nais-
„ fan-

(*) Dans l'Hiftoire de Charles XII. *Tom. I.* pag. 80.

„ ſance, à laquelle il étoit alors attaché. Cette femme célèbre dans le monde par ſon eſprit & par ſa beauté, étoit plus capable qu'aucun Miniſtre de faire réuſſir une négociation. De plus, comme elle avoit du bien dans les Etats de Charles XII. & qu'elle avoit été longtems à ſa Cour, elle avoit un prétexte plauſible d'aller trouver ce Prince. Elle vint donc au Camp des Suédois en Lithuanie, & s'addreſſa d'abord au Comte Piper, qui lui promit trop légèrement une audience de ſon Maître. La Comteſſe parmi les perfections, qui la rendoient une des plus aimables perſonnes de l'Europe, avoit le talent ſingulier de parler les langues de pluſieurs païs, qu'elle n'avoit jamais vus, avec autant de délicateſſe que ſi elle y étoit née. Elle s'amuſoit même quelquefois à faire des vers françois, qu'on eut pris pour être d'une perſonne née à Verſailles. — — Tant d'eſprit & d'agrémens étoient perdus auprès d'un homme tel que le Roi de Suède. Il refuſa conſtanment de la voir. Elle prit le

„ par-

„ parti de ſe trouver ſur ſon chemin,
„ dans les fréquentes promenades
„ qu'il faiſoit à cheval. Effectivement
„ elle le rencontra un jour dans un ſen-
„ tier fort étroit: elle deſcendit de ca-
„ roſſe, dès qu'elle l'aperçut. Le Roi
„ la ſalua, ſans lui dire un ſeul mot,
„ tourna la bride de ſon cheval & s'en
„ retourna dans l'inſtant: deſorte que
„ la Comteſſe de Königsmark ne rem-
„ porta de ſon voyage que la ſatisfa-
„ ction de croire que le Roi de Suède
„ ne rédoutoit qu'elle.

DEPUIS la tenuë du Congrès de Weſtphalie, le titre d'Ambaſſadrice n'a plus été conteſté. On peut dire que c'eſt vers ce tems-là que furent déterminés peu-à-peu leurs droits perſonnels, ſelon la manière de penſer propre à chaque Cour, le goût en fait de cérémonies ſe réglant toujours ſelon le goût de la nation & l'eſprit des Cours, dont l'une le prend ſouvent ſur un ton plus haut que l'autre.

CHAPITRE II.

Du cérémonial des Cours de l'Europe à l'égard des Ambaſſadrices en général.

§. I.

Les Cours de l'Europe ne ſont point uniformes dans ce qu'elles penſent des Ambaſſadrices; car il y en a qui n'en reconnoiſſent point; d'autres qui leur accordent les droits de l'*inviolabilité*, mais ſans aucun cérémonial; d'autres enfin qui les rendent participantes des prérogatives dont jouïſſent les Ambaſſadeurs, juſques-là qu'elles leur aſſignent un rang de préférence & des marques particulières d'honneur.

Il ne ſera pas inutile de prévenir les eſprits par quelques propoſitions générales, avant que de deſcendre dans un détail plus circonſtancié ſur ces matières.

§. II.

§. II.

En Allemagne, ſur-tout à la Cour impériale, les femmes d'Ambaſſadeurs, ne ſont point appellées Ambaſſadrices ni traitées comme telles. C'eſt ce qui engagea Madame de Lionne, qui accompagnoit ſon mari dans le voyage de Francfort à la Diète de l'élection de l'Empereur Leopold, à n'entrer dans aucune Cour allemande, pour s'épargner la mortification de n'y être pas reçuë ſur le pié d'Ambaſſadrice. Voyez les *Mém. de Mr. Amelot de la Houſſaye*, *Tom. I. pag.* 94.

§. III.

Le titre d'*Ambaſſadrice* eſt reconnu à la Cour d'Angleterre, mais elles n'y reçoivent pas autant d'honneur que dans les autres Cours.

§. IV.

La France ſeule fait le plus de cas des Ambaſſadrices. Elle leur a non ſeulement accordé un cérémonial réglé, mais en-

encore étendu leurs prérogatives beaucoup plus loin qu'aucune autre Cour de l'Europe.

§. V.

En Italie, les femmes des Ambaſſadeurs partagent les honneurs de l'Ambaſſade. *Mém. d'Ham. Tom. I. pag.* 94.

§. VI.

La Cour d'Eſpagne ſe règle preſque en tout ſuivant celle de France dans ce qui concerne le cérémonial des Ambaſſadrices.

§. VII.

La Suède rend aux Ambaſſadrices tous les honneurs affectés au caractère d'Ambaſſadeur. Voyez *Mém. d'Amel. Tom. I. pag.* 94.

§. VIII.

Les Etats des Provinces-Unies de Hollande, reconnoiſſent également les

ti-

titres, les droits & les prérogatives d'une Ambaſſadrice, quoique la forme du Gouvernement ne permette pas le cérémonial, qui eſt ailleurs en uſage.

POUR ce qui eſt des autres Cours de l'Europe, je ne ſai rien de particulier qui puiſſe trouver ici ſa place.

CHAPITRE III.

Du voyage, de l'arrivée & de la réception de l'Ambaſſadrice.

§. I.

IL eſt libre aux Ambaſſadeurs de ſe faire accompagner ou non par leurs épouſes, dans les Cours étrangères où ils vont réſider. Quand une Ambaſſade doit durer pluſieurs années (ce qui n'eſt pas ſans exemple, des Ambaſſadeurs aïant réſidé quelquefois plus de 20. ans à une même Cour), il ſemble preſque que la nature & la néceſſité du lien conjugal exigent que les Ambaſſadeurs emmènent avec eux leurs épouſes. Mais quand il s'agit s'agit d'Ambaſſades de pures cérémonies, & bornées à un court eſpace de tems, les Ambaſſadeurs font preſque toujours ſeuls le voyage. Il eſt vrai que cela dépend beaucoup des circonſtances, du plus ou du moins des revenus que poſsède un Ambaſſadeur, & des appointemens que lui fournit ſa Cour.

COMME les Italiens n'aiment pas que leurs femmes ſoient expoſées au grand jour, ſur-tout lorsqu'ils ſont abſens d'elles, leur jalouſie naturelle leur faiſant toujours appréhender quelque outrage pour leur front; le Prince Cardito, deſtiné en 1713. à être envoyé de Naples à la Cour de Vienne, en qualité d'Ambaſſadeur, voulut que la Princeſſe ſon épouſe ſe mît dans un Couvent, pour y reſter juſqu'à ſon retour de l'Ambaſſade qui lui avoit été confiée; & comme elle fit difficulté de ſe prêter aux vuës de ſon mari, il alla demander main-forte au Vice-Roi: pendant ce tems-là elle fit un paquet de ſes bijoux, ſe ſauva dans une Egliſe de Moines, qui lui facilitèrent la nuit le moyen d'aller chez un de ſes parens. Mr. le Comte de Boromeo, Vice-Roi de Naples, ſe ſervit de ſon autorité pour faire enlever la Princesse de Carlito, ainsi que son parent: celui-ci fut envoyé prisonnier à Gaëte, & la Dame fut conduite dans la maison de son époux, où elle fut enfermée dans une chambre avec (*) deux femmes pour la servir; on mûra les fenêtres qui répondoient dans la ruë; on mit une garde à la porte de sa chambre, & une autre devant son palais, avec défense sous peine de la vie, de permettre à qui que ce fût de parler à la Princesse sans la permission du Vice-Roi. Avec de pareilles précautions, le jaloux Ambassadeur devoit dormir tranquillement, & faire son voyage avec un esprit content, si pourtant il est un remède aux maux qu'un jaloux est toujours ingénieux à se faire.

§. II.

LA manière de faire le voyage dépend aussi de la disposition de l'Ambassadeur: il

(*) Clef du Cabinet des Princes, Mars 1713. p. 176.

il peut prendre ſon épouſe avec lui, ou la faire venir après lui. Il arrive quelquefois que les Ambaſſadrices prennent les devants, pour mettre les affaires œconomiques en ordre.

Mr. le Comte de Windiſchgrag, nommé Ambaſſadeur de l'Empire au Congrès de Cambrai, ſe fit préceder par ſon épouſe, pour viſiter le palais qu'il y avoit loué, & préparer les choſes néceſſaires à ſa réception.

§. III.

Les Ambaſſadeurs d'Angleterre ſont menés & ramenés par les yachts du Roi, ſelon un uſage obſervé depuis plus de cent ans. Les Ambaſſadrices jouïſſent des mêmes prérogatives; & cette circonſtance eſt d'autant plus remarquable, qu'un tel trajet par mer d'une Ambaſſadrice alluma en 1671. une guerre funeſte entre les deux Puiſſances maritimes d'Angleterre & de Hollande. Au commencement du mois d'Août de cette année, on envoya à l'épouſe du Chevalier Temple, Ambaſſadeur d'Angleterre auprès de Leurs Hautes Puiſſances, un yacht du Roi, pour faire le trajet. Le Capitaine de ce yacht reçut ordre de la Cour de paſſer au milieu de la flotte hollandoiſe, s'il la rencontroit, & de faire feu ſur les prémiers navires, juſqu'à ce qu'ils baiſſaſſent les voiles & qu'ils répondiſſent par leur canon. Le Capitaine Anglois ne rencontra pas la flotte hollandoiſe en allant; mais en s'en retournant il l'apperçut de loin. Ce fut une raiſon pour lui de faire voile vers elle, & de faire tirer cinq coups de canon, comme quelques-uns le rapportent, ou deux, ſuivant l'opinion de quelques autres. Les Hollandois ne ſachant que penſer de cette attaque, envoyèrent tout de ſuite une frégate pour s'en informer. Le Capitaine répondit, qu'il avoit été envoyé en Hollande pour en tranſporter l'Ambaſſadrice en Angleterre avec ſes enfans, & qu'il avoit en même tems reçu ordre de ſa Cour, de prétendre de la flotte hollandoiſe par tout où il la trouveroit dans le canal de la Manche, qu'elle baiſſât pavillon devant lui. Le Vice-Amiral de Gand n'eut pas été plutôt inſtruit de ces prétentions, qu'il s'approcha lui-même du yacht, ſous

ſous prétexte de complimenter Madame l'Ambaſſadrice. Mais la véritable raiſon étoit d'avoir occaſion de s'entretenir avec le Capitaine Anglois touchant l'honneur qu'il exigeoit. L'Amiral retourna à ſa flotte, & le Capitaine avec ſon yacht gagna l'Angleterre; mais comme il étoit extrêmement embarraſſé, il demanda conſeil à Madame l'Ambaſſadrice, pour ſavoir comment il devoit ſe comporter dans cette affaire. *Samſon Hiſt. de Guill. III. tom. 2. pag. 18. Ludoffs Schau-buhne, tom. 4. pag. 1038.*

§. IV.

Dès qu'une Ambaſſadrice ſe rend au lieu de la réſidence de ſon époux, ſoit qu'elle l'accompagne, ſoit qu'elle faſſe ſeule le voyage, elle doit être conſidérée comme Ambaſſadrice, & jouïr en conſéquence dès le moment même, de tous les droits attachés à ce caractère par le droit des Gens & des Ambaſſadeurs.

§. V.

Quoique les honneurs dûs à une

Ambaſſadrice qui voyage ſeule, n'égalent pas ceux qu'on rend à ſon époux, je ne doute pas néanmoins qu'on ne trouve des exemples de canons tirés à l'arrivée d'une Ambaſſadrice.

§. VI.

LORSQU'UNE Ambaſſadrice s'arrête en chemin dans quelque Cour ou autre lieu, ſoit par néceſſité, ſoit par curioſité, on lui rend les honneurs dûs à ſa qualité d'Ambaſſadrice, indépendamment de ceux que ſa naiſſance, & ſon mérite perſonnel lui attirent.

EN 1638. Milady Fielding, épouſe de l'Ambaſſadeur d'Angleterre à la Cour du Duc de Savoie, paſſant en France, eut audience de la Reine, & fut régalée par ſes Officiers.

LORSQU'EN 1722. le Comte de Windiſchgrag, Miniſtre impérial nommé pour aſſiſter au Congrès de Cambrai, paſſa en France, le Cardinal Dubois le préſenta au Roi, avec ſon épouſe qui l'accompagnoit dans ce voyage; Sa Majeſté les reçut tous deux très-gracieuſement.

La Princesse Esterhasy étant arrivée à Venise en 1751. avec le Prince son époux, Ambassadeur impérial à la Cour du Roi des deux Siciles, le Sénat permit à deux Dames de la grande Noblesse, de pouvoir visiter l'Ambassadrice & de recevoir la visite; quelques jours après la même permission fut donnée à toutes les autres Dames, & même aussi à un petit nombre de Nobles.

§. VII.

Quand une Ambassadrice veut passer par un païs ennemi, elle a aussi bien besoin d'un passe-port que l'Ambassadeur son époux; faute de quoi elle ne peut réclamer pour elle le droit des gens.

§. VIII.

Il faut qu'une Ambassadrice qui voyage *incognito*, se soumette à tous les devoirs des voyageurs.

§. IX.

Quand une Ambassadrice est près du lieu

lieu où elle veut demeurer, & que ſon époux y eſt déjà & d'autres perſonnes de ſa connoiſſance, on va au devant d'elle pour la recevoir & la complimenter.

En 1678. le 12. de Juillet, Madame la Maréchale d'Eſtrades arriva au Congrès de Nimègue, où ſon époux aſſiſta en qualité d'Ambaſſadeur de France. Les Ambaſſadeurs de cette Couronne allèrent deux lieuës au devant d'elle juſques à Mook, ſur la Meuſe, où elle débarqua. (*)

§. X.

Les Ambaſſadrices ne ſe trouvent pas ordinairement aux entrées ſolemnelles, & elles reſtent dans la ville, ou quand l'arrivée & l'entrée ſolemnelle ſe font tout à la fois, elles ſe rendent auparavant dans la ville au quartier de leurs époux.

Voici comme Mr. Pierre de Groot, Ambaſſadeur des Païs-Bas à la Cour de Suède, écrivit au Conſeiller-Penſionaire de Witt, en date du 27. Juillet 1668. „ Le jour ſixé pour ma réception étant „ ar-

(*) Voy. *Disdier*, l. c. p. 142.

„ arrivé, avant que la députation du
„ Roi vint me prendre, je fis débarquer
„ ma femme, mes enfans & toutes les
„ femmes (*) qui dépendent du ména-
„ ge, & je les envoyai directement à la
„ maiſon, que j'avois fait louër avant
„ mon arrivée, ainſi j'ai été quatre jours
„ dans la même ville avec ma famille &
„ ſéparé d'elle."

§. XI.

CETTE règle a pourtant ſes exceptions, & on a même des exemples, quoiquè très-rares, que les Ambaſſadrices ont fait leurs entrées publiques avec leurs époux.

A l'entrée de l'Ambaſſadeur extraordinaire de France, le Marquis de Lavardin, à Rome l'an 1687. le 16. Novembre, l'Ambaſſadrice étoit dans un caroſſe avec ſa fille, ſon époux & deux Cardinaux (†).

§. XII.

(*) Voy. Lettres de Mr. de WITT, *Tom. IV. p.* 255.
(†) LÜNIG. l. c. *pag.* 678.

§. XII.

AUSSITÔT qu'un Ambaſſadeur a notifié ſon arrivée & celle de ſon épouſe à la Cour du Pape, & au Collége des Cardinaux, ils reçoivent tous deux les complimens de félicitation du Collége des Cardinaux & de la prémière Nobleſſe. Mais ce n'eſt qu'après que Mr. l'Ambaſſadeur a eu ſa prémière audience auprès de Sa Sainteté, qu'elle fait ſaire un compliment à l'Ambaſſadrice.

§. XIII.

QUAND il y a déjà des Ambaſſadeurs à une Cour, qui ont leurs épouſes auprès d'eux, celles-ci font complimenter l'Ambaſſadrice ſur ſon heureuſe arrivée.

LORSQU'A' Ratisbonne en 1717. Mr. le Comte de Gergy eut produit ſes lettres de créance à la Commiſſion impériale & au Directoire de l'Empire, & qu'il eut ainſi paru en public, ſon épouſe fit auſſi notifier ſon arrivée par un Sécrétaire du Miniſtre, aux épouſes des Ambaſſadeurs de la Diète, & au reſte de la Nobleſſe; la Nobleſſe l'envoya complimenter à ſon tour par

par des domeſtiques; mais cela ne ſe fit point de la part des Ambaſſadrices.

§. XIV.

C'ETOIT autrefois la coutume en Suède, de traiter aux dépens du Roi les Ambaſſadrices, tout comme leurs époux, le jour de leur entrée publique.

MR. de Groot, Ambaſſadeur des Païs-Bas, en écrivit en date de Stockholm 27. Juin 1668. (*) à Mr. le Conſeiller-Penſionaire de Witt, en ces termes: „ Le „ Maître des cérémonies m'a déclaré, „ par ordre du Roi, que Sa Majeſté prétendoit qu'on ne me fît pas moins „ d'honneur qu'au Comte de Carliſle, „ c'eſt pourquoi il me demanda comment je ſouhaitois que l'on traitât „ mon épouſe, & ſi elle mangeroit en „ même table avec moi, ou avec ſa famille dans un appartement ſéparé, „ comme la Comteſſe de Carliſle. Je „ jugeai que ma femme & mes enfans „ étoient plutôt à ma ſuite, comme par- „ ti-

(*) Voy. Lettres de Mr. de WITT, *Tom. IV. p.* 255.

„ ticuliers, ou bien comme faiſant par-
„ tie de l'Ambaſſade; & que par con-
„ ſéquent les honneurs, qu'on lui fe-
„ roit, ne pourroient contribuër en rien
„ à la gloire de Leurs Hautes Puiſſances,
„ & leur coûteroient beaucoup, vu les
„ préſens qu'on eſt obligé de faire dans
„ ces occaſions aux Officiers du Roi, &
„ qu'il faudroit raiſonnablement augmen-
„ ter ſi l'on ſervoit deux tables; c'eſt
„ pourquoi je répondis que je priois Sa
„ Majeſté de nous exempter de cet em-
„ barras, moi & ma femme, & après
„ quelques allées & venuës on m'accor-
„ da aiſément ma prière, ce qui a même
„ fait plaiſir, comme je l'ai appris de-
„ puis."

CHAPITRE IV.

De ſa préſentation à la Cour.

§. I.

LES différentes eſpèces de Légations qui ſont en uſage, m'obligent à faire ici

ici une diſtinction particulière, parce que de-là dépend la diverſité des cérémonies qu'on obſerve à l'égard des Dames qui accompagnent leurs maris dans le poſte de leur Ambaſſade. Les honneurs du grand cérémonial ne ſont rendus qu'à celles dont les maris ſont revêtus du caractère d'Ambaſſadeurs.

Les Ambaſſadrices reçoivent des audiences publiques; mais les Dames des Envoyés, ou des autres Plénipotentiaires, ſont ſeulement préſentées à la Cour.

§. II.

Si les femmes des Envoyés à la Cour de France veulent être connuës du Roi, pour venir quelquefois à la Cour, ce n'eſt qu'en paſſant qu'elles ſaluent Sa Majeſté, qui ne les baiſe point.

En 1702. (*) le 12. Octobre, la femme du Marquis Mulaſand, Envoyé de Gènes à la Cour de France, ſalua le Roi à Fontainebleau, dans le tems qu'il alloit ſe mettre à table pour ſouper. Le Roi répondit obligeamment au compliment

(*) Mémoires de Saintôt, l. c. *p.* 120.

ment qu'elle lui fit; mais il ne la baiſa pas.

L'EPOUSE du Comte de Sinzendorff, Envoyé de l'Empereur au Roi de France, ſachant que le Roi ne la diſtingueroit pas des autres Dames non titrées, ne le vit point.

LE Major Jourdan, Envoyé de Pologne, & le Baron de Schweiniz, Envoyé de Saxe-Gotha, avoient leurs femmes en 1702. (*) mais elles ne virent point le Roi.

§. III.

LES Fils & les Filles de France reçoivent auſſi les femmes d'un Envoyé, ſans les faire aſſeoir, & ne les baiſent point.

§. IV.

L'AN 1750. au mois de Juillet, Mr. d'Arnim, Miniſtre Plénipotentiaire de Sa Majeſté le Roi de Pologne, Electeur de Saxe, eut ſes prémières audien-

(*) Mémoir. de SAINTÔT, l. c. p. 120.

diences publiques de l'Impératrice & de Leurs Alteſſes Impériales, le Grand-Duc & la Grande-Ducheſſe. Après la dernière audience, l'épouſe de ce Miniſtre fut préſentée ſeulement à la Grande-Ducheſſe, qui la reçut très-gracieuſement, & l'invita à manger le même jour à ſa table.

CHAPITRE V.

De l'Audience publique de l'Ambaſſadrice.

§. I.

Il n'y a que les Ambaſſadrices qui jouïſſent d'une Audience publique, ce qu'on ne leur accorde pourtant pas dans toutes les Cours; & dans celles où on la leur accorde, le cérémonial n'eſt pas le même.

C'est ce qui ſe manifeſtera clairement par ce que nous allons rapporter ſéparément d'une partie des cérémonies uſitées en pareils cas dans chaque Cour de l'Europe.

§. II.

§. II.

COMME on n'uſe point de cérémonies à l'égard des Ambaſſadrices à la Cour impériale, elles ſont obligées, quand elles veulent s'y rendre, de s'addreſſer à la Grande-Maîtreſſe de la Cour, pour ſavoir d'elle l'heure que l'Imperatrice donne audience; alors elle paroit avec les autres Dames ſans cérémonies particulières, & même en habits tels qu'on les porte à la Cour de Vienne.

§. III.

EN France la règle eſt que l'on aille prendre les Ambaſſadrices à Paris, pour les amener à Verſailles; & alors le caroſſe de la Reine, amené par le Sous-Introducteur, va prendre l'Introducteur chez lui, & l'Introducteur l'Ambaſſadrice à ſon hôtel.

APRE'S lui avoir fait les honneurs du caroſſe, il ſe met dans le fond à côté d'elle, à moins qu'il n'y ait quelques femmes ou filles de qualité avec l'Ambaſſadrice; auquel cas par civilité il ſe met ſur

ſur le devant; car de droit ſa place eſt à côté de l'Ambaſſadrice; quand il n'y a avec elle que des Demoiſelles ſuivantes, elles ſe mettent ſur le ſtrapontin, à la portière, & le fond de devant demeure vuide. (*)

§. IV.

A la Cour d'Eſpagne, quand une Ambaſſadrice veut avoir une audience de la Reine, il faut qu'elle s'addreſſe à la Camerera-Major, (†) & celle-ci lui fait ſavoir par un billet le jour & l'heure qu'il plait à Sa Majeſté de lui accorder audience.

§. V.

Lorsqu'en Angleterre une Ambaſſa-

(*) Voy. Mémoires du cérémonial de la réception des Ambaſſadrices du Comte de Sinzendorf, chez M. de Saintôt.

(†) Du Mont cérémonial diplomatique, *Tom. II.* Il y a dans la Relation que le Sr. Lunig nous donne l. c. *pag.* 473. que l'Introducteur des Ambaſſadeurs lui procura l'heure.

ſadrice fait ſavoir à la Reine qu'elle ſouhaite de lui faire la révérence., elle lui envoie à une heure marquée, ſon Maitre des cérémonies, pour la conduire à l'audience.

§. VI.

A la Cour d'Eſpagne, la Reine ne donne audience qu'aux épouſes des Ambaſſadeurs de la Chapelle & des Têtes couronnées; on compte au nombre de ces derniers, les Ambaſſadeurs de la République de Veniſe & des Provinces-Unies.

§. VII.

A la Cour de Sardaigne, l'Introdu-ɑeur, avec une Dame d'honneur de la Reine, va prendre pour la prémière fois l'Ambaſſadrice à ſa maiſon, dans un caroſſe à ſix chevaux de Sa Majeſté.

La Dame d'honneur eſt reçuë en deſcendant du caroſſe par les Gentilshommes de l'Ambaſſadrice, & au bas de l'eſcalier par la dite Ambaſſadrice, qui lui donne la main, le pas, porte & chaiſe égale.

L'Am-

L'AMBASSADRICE entre la prémière dans le caroſſe, & a la prémière place; la Dame d'honneur la ſeconde, & l'Introducteur le troiſième.

§. VIII.

LORSQU'EN France le caroſſe de l'Ambaſſadrice entre dans les cours du Château, on ne prend point les armes, cet honneur ne ſe rendant qu'au caractère repréſentant.

§. IX.

A la Cour de Sardaigne, l'Ambaſſadrice arrivant au Palais, les Suiſſes Gardes de la porte & du corps ne prennent point les armes, mais ils ſe mettent en haie.

§. X.

EN Angleterre l'Ambaſſadrice eſt reçuë à la porte du Palais Royal par quelques-uns des grands Officiers de la Reine.

§. XI.

A la Cour de France, l'Introducteur fait deſcendre l'Ambaſſadrice à la Sale des Ambaſſadeurs.

§. XII.

A la Cour d'Eſpagne, l'Ambaſſadrice ſe fait porter dans une chaiſe, juſqu'à l'entrée des appartemens de la Reine (*).

§. XIII.

A la Cour d'Angleterre, l'Ambaſſadrice eſt reçuë dans l'antichambre de la Reine, par deux ou trois Comteſſes de ſes Dames d'honneur; mais à la porte de l'appartement de la Reine, le Grand-Chambellan la reçoit, lui préſente la main & la conduit juſques devant la Reine.

§. XIV.

A la Cour de Sardaigne, la prémière Dame d'honneur de la Reine reçoit quel-

(*) LUNIG l. c. *pag.* 473.

quelques pas hors de la porte du Cabinet, l'Ambaſſadrice, qu'elle introduit dans la chambre de Sa Majeſté, laquelle la reçoit debout, & la ſaluë en la baiſant.

§. XV.

En France, les Demoiſelles de la ſuite de l'Ambaſſadrice demeurent dans la Sale. Sa livrée & celle de l'Introducteur marchent devant eux depuis la Sale des Ambaſſadeurs juſqu'à l'appartement de la Reine.

§. XVI.

A la Cour d'Eſpagne, le prémier & le Sous-Introducteur des Ambaſſadeurs marchent devant le Major-Dôme & l'Ambaſſadrice, de même que devant ceux de leur ſuite.

§. XVII.

Quand l'heure concertée avec le Roi & la Reine de France eſt arrivée, l'Introducteur donne la main à l'Aml'Ambaſſadrice & la conduit chez la Reine.

LES Gardes du corps ne ſe mettent point en haie & ſous les armes à ſon paſſage, & il ne vient point d'Officiers la recevoir.

LA Dame d'honneur de la Reine vient recevoir l'Ambaſſadrice à la porte hors la chambre de la Reine. A leurs abords elles ſe font des civilités, ſe ſaluent & ſe baiſent. La Dame d'honneur prend l'Ambaſſadrice par la main gauche, que l'Introducteur quitte & ſe met à la droite, un peu devant, juſques dans le cercle où ils entrent tous trois.

QUAND les Reines avoient encore des Filles d'honneur, elles accompagnoient la Dame d'honneur, pour venir au devant de l'Ambaſſadrice, & la baiſoient.

ON prétendoit même, qu'après que la chambre des Filles de la Reine, épouſe de Louïs XIV. eut été caſſée, les Dames du Palais non titrées avoient accompagné la Dame d'honneur; mais que cela ſoit vrai ou faux, l'uſage en eſt à préſent aboli.

§. XVIII.

§. XVIII.

A la Cour d'Espagne, le Major-dôme de semaine va à la rencontre de l'Ambassadrice, lui présente la main, & se place à la gauche (*).

D'AUTRES disent que c'est la Camerera-Major qui reçoit l'Ambassadrice, & qui l'introduit (†).

§. XIX.

L'AMBASSADRICE entrant dans la chambre du cercle de la Reine de France, commence les révérences au plus bas endroit du cercle, & la Dame d'honneur fait les siennes en même tems; dès que la Reine l'apperçoit, elle se lève & demeure debout près de son fauteuil. A la troisième révérence l'Ambassadrice baise le bas de la robe de la Reine; & ensuite elle lui fait son compliment.

LA Reine demeure debout pendant tout le compliment de l'Ambassadrice & y répond.

(*) LUNIG. l. c. *pag.* 473.
(†) DU MONT, l. c.

§. XX.

A la Cour d'Eſpagne, la Reine aſſiſe dans un fauteuil ſous un Dais, y attend l'Ambaſſadrice, elle fait trois révérences en entrant dans l'appartement de la Reine, qui ſe lève alors.

QUAND l'Ambaſſadrice, arrivée aſſez près de la Reine, veut ſe jetter à genoux, la Reine l'embraſſe en faiſant une inclination de la tête.

§. XXI.

EN Angleterre, l'Ambaſſadrice approchant, la Reine ſe lève, entend ſon petit compliment & ſe remet après dans ſon fauteuil.

§. XXII.

APRE'S la réponſe de la Reine de France, un Valet de Chambre apporte à l'Ambaſſadrice un tabouret, qu'on place dans le cercle vis-à-vis de la Reine.

AU commencement du dernier ſiècle, les Ambaſſadrices n'avoient point de tabourets aux cercles de la Reine. La Mar-

Marquiſe de Mirabel, femme de l'Ambaſſadeur d'Eſpagne en France, fut la prémière à qui la Reine en 1621. en fit donner un du conſentement du Roi, ce qui a toujours continué depuis.

Si la Dame d'honneur eſt Ducheſſe, on lui apporte auſſi un tabouret, qu'on met à la gauche proche de celui de l'Ambaſſadrice; mais ſi elle ne l'eſt pas, elle va prendre ſa place auprès de la Reine.

Les Officiers de la chambre de la Reine n'ont aucun droit pour avoir apporté le tabouret aux Ambaſſadrices. Ils reçoivent une gratification des Princeſſes établies en France, & des Ducheſſes, & non des Princeſſes étrangères.

§. XXIII.

A la Cour d'Eſpagne, l'Ambaſſadrice, après ce prémier compliment, ſe tire un peu derrière le fauteuil de la Reine, à main droite, & un Camerier donne par ordre de la Reine une chaiſe à l'Ambaſſadrice à la droite de Sa Majeſté, & aux Cercles des autres Dames du Palais.

§. XXIV.

En Angleterre, l'Ambaſſadrice n'a ni fauteuil, ni chaiſe, mais elle reſte debout, comme les autres Dames de la Cour.

Voici comme le Père Bougeant rapporte un différend, qui s'éleva à ce ſujet en 1639. (*) „ Le ſecond incident (du mécontentement de la Cour „ de France & de celle d'Angleterre) fut „ une querelle de femmes cauſée par „ la vanité & la jalouſie. La Ducheſſe „ de Chevreuſe exilée de la Cour de „ France, s'étoit réfugiée à celle d'Angleterre. La Reine lui fit l'honneur „ de la faire aſſeoir en ſa préſence, ce „ qui étoit contre l'uſage de cette „ Cour, où ni les Ducheſſes ni les „ femmes des Ambaſſadeurs n'avoient „ point l'honneur du tabouret comme „ à la Cour de France. Cependant „ afin que cet exemple ne tirât point en „ conſéquence, la Reine prit le pré- „ tex-

(*) Dans l'hiſtoire des guerres & des négociations, qui précedèrent le traité de Weſtphalie, *pag*. 331.

„ texte, que Madame de Chevreuſe é-
„ toit alliée de la Maiſon Royale d'Angle-
„ terre & fatiguée d'un long voyage.
„ Cette raiſon ne ſatisfit pas l'Ambas-
„ ſadrice de France. Elle demanda la
„ même diſtinction, prétendant qu'el-
„ le lui étoit duë à plus juſte titre qu'à
„ une exilée. On ne voulut pas l'é-
„ couter, & la Cour de France mé-
„ contente de l'accueil qu'on avoit fait
„ en Angleterre à Madame de Che-
„ vreuſe, ne manqua pas d'uſer de re-
„ préſailles; un jour que l'Ambaſſadri-
„ ce d'Angleterre étoit déjà en chemin
„ pour aller faire ſa cour à la Reine,
„ on lui fit dire qu'elle n'auroit point
„ le tabouret."

§. XXV.

UNE Ambaſſadrice, qui reçoit audience du Pape, n'eſt placée dans aucun fauteuil, mais on met trois couſſins l'un ſur l'autre à terre, où elle s'aſſied.

Le Pape Alexandre VII. fit donner à la femme de l'Ambaſſadeur d'Eſpagne, Don Pedro d'Arragon, frère du Cardinal Archevêque de Toledo, un carreau de velours pour s'asſcoir. (*)

§. XXVI.

QUAND en France l'Introducteur a demeuré quelque tems dans le Cercle debout & à la droite de l'Ambaſſadrice, il ſort pour aller avertir le Roi étant en marche pour y venir; il revient avertir la Reine & reprend ſa place. Dès que le Roi eſt annoncé, tout le monde ſe lève pour l'attendre.

LE Roi entre dans le Cercle, ſaluë la Reine, le Cercle & en particulier l'Ambaſſadrice, la baiſe en l'abordant, l'entretient quelques momens & ſe retire enſuite.

§. XXVII.

A la Cour d'Eſpagne le Roi arrive quelquefois, & l'Ambaſſadrice lui préſente ſes reſpects.

§. XXVIII.

(*) Voy. Mémoires d'AMELOT, *Tom. I. pag.* 95.

§. XXVIII.

A la Cour de Sardaigne, dans le tems que l'Ambaſſadrice eſt avec la Reine, le Roi vient dans la chambre & ſaluë l'Ambaſſadrice en la baiſant.

§. XXIX.

En France, quelque tems après la Reine ſe lève. L'Ambaſſadrice ſe lève auſſi, & en faiſant trois réverences, ſe retire accompagnée de la Dame d'honneur, qui la quitte au lieu où elle a été la recevoir; l'Introducteur lui reprend la main & la reconduit dans la Sale où elle eſt d'abord deſcenduë.

§. XXX.

A la Cour d'Eſpagne, l'audience dure juſqu'à ce que la Reine ſe lève.

Ensuite l'Ambaſſadrice voulant prendre congé ſe rapproche de la Reine pour lui faire ſes révérences, veut ſe jetter à genoux, mais Sa Majeſté l'embraſſe encore une fois, comme elle l'a déjà fait au commencement de l'audience.

§. XXXI.

En Angleterre, après l'audience le Grand-Chambellan donne la main à l'Ambaſſadrice & la reconduit juſques à la Sale des Gardes, où il la quitte. Puis vient le Maître des cérémonies & les Dames d'honneur, qui la traitent comme en arrivant.

§. XXXII.

A la Cour de Sardaigne, l'Ambaſſadrice part peu de tems après que le Roi s'eſt retiré, & eſt reconduite de la même manière à ſa maiſon. La Dame d'honneur la voit monter en caroſſe & partir.

§. XXXIII.

En France, la Dame d'honneur arrive quelque tems après, & auſſitôt l'Ambaſſadrice; Elle & l'Introducteur montent dans le caroſſe de la Reine, dont la Dame d'honneur fait les honneurs à l'Ambaſſadrice, & où les Demoiſelles, qu'elle avoit avec elle en venant, ne montent point, à moins qu'elle n'eut amené des femmes ou filles de qualité.

On descend à la Sale où le prémier Maître d'Hôtel de la Reine tient la table de Sa Majesté. La Dame d'honneur en fait les honneurs. Elle y invite plusieurs Dames de la Cour. L'Introducteur & le prémier Maître d'Hôtel de la Reine dinent avec l'Ambassadrice.

Aprè's le diner public l'Introducteur reconduit chez elle à Paris, l'Ambassadrice, dans le carosse de la Reine, de la même manière qu'il l'a amenée.

§. XXXIV.

A la Cour d'Espagne, dès que l'Ambassadrice s'est éloignée de quelques pas de la Reine, le Major-Dôme lui donne la main, elle prend congé de la Camerera major, des Dames d'honneur & des autres Dames, & se retire après avoir fait encore deux révérences. Le Major-Dôme l'accompagne jusqu'à son porte-chaise.

§. XXXV.

Si en France l'Ambassadrice veut visiter le même jour après l'audience de la Reine, Madame la Dauphine, elle va tout de ſuite la voir chez elle, où les Dames d'honneur lui font la même reception que celle qu'elle a euë chez la Reine (*).

MADAME la Dauphine, Madame la Ducheſſe de Bourgogne, & Madame, la reçoivent à leurs Cercles, lui font l'honneur de la baiſer; enſuite Monſeigneur le Dauphin ſurvient au Cercle, il en uſe de même que le Roi, en quoi il eſt imité par Monſeigneur le Duc de Bourgogne, & par Monſieur.

§. XXXVI.

LORSQUE l'Ambaſſadrice va au Cercle des petites filles du Roi de France, leurs Dames d'honneur la reçoivent dans l'antichambre, où elles ſe baiſent. Leurs Alteſſes Royales la voyant venir avancent dans leurs chambres trois ou qua-

(*) Mêmes cérémonies, s'il y a une Ducheſſe de Bourgogne, ou quelque Princeſſe nommée *Madame*. C'eſt ainſi qu'on appelle l'épouſe de Monſieur, frère du Roi.

quatre pas au devant d'elle, la baiſent, ſe retirent près du fauteuil, & reçoivent debout ſon compliment. Enſuite elles s'aſſeient dans leurs fauteuils, & on donne à l'Ambaſſadrice un ſiége pliant vis-à-vis d'elles. Si l'Ambaſſadrice a quelques filles ou nièces, ou quelques perſonnes de qualité avec elle, les Princeſſes les baiſent & les font aſſeoir; & les Dames, qui ſont venuës faire leur cour, s'aſſeient auſſi.

§. XXXVII.

LES audiences de congé des Ambaſſadrices ſe donnent à la Cour de France ſans cérémonies. Le caroſſe de la Reine ne les va point prendre & elles viennent à Verſailles dans le leur.

A l'heure de la toilette, l'Introducteur conduit l'Ambaſſadrice ſans cortége, & elle s'aſſied dans le Cercle au-deſſous des Ducheſſes, qui ſont déjà placées.

LA toilette finie, la Reine paſſe dans ſon cabinet, l'Ambaſſadrice l'y ſuit & ſe place comme les Ducheſſes ſur le prémier tabouret qu'elle trouve vuide; la

Dame d'honneur s'assied au-dessous & auprès d'elle.

L'INTRODUCTEUR va avertir le Roi, lorsque le Cercle est rangé, & revient annoncer Sa Majesté à la Reine. Tout le Cercle se lève pour attendre le Roi, qui après avoir salué en entrant la Reine & tout le Cercle, saluë l'Ambassadrice en particulier, lui fait un compliment sur son départ, & la baise en s'en allant.

QUAND le Roi est parti, l'Introducteur va avertir le Dauphin, qui fait la même chose que le Roi, & ensuite Mr. le Duc de Bourgogne, qui se retire après avoir fait les mêmes choses que le Dauphin.

LE Cercle s'étant rassis un moment après, la Reine se lève, l'Ambassadrice s'approche d'elle, & lui baise sa robe, & la Reine lui fait l'honneur de la baiser.

COMME ces audiences de congé se font sans cérémonies, on ne traite point l'Ambassadrice aux dépens de la Reine, & elle n'est point reconduite dans les carosses royaux.

SUIVANT d'autres, voici comme cela se pratique: On ne lui envoie point de ca-

caroſſe, elle vient dans les ſiens: la Dame d'honneur ne va pas au devant d'elle, l'Introducteur ſeul la conduit dans la chambre de la Reine, où elle attend que Sa Majeſté ſoit ſortie de table. Le Roi, qui dine ordinairement avec la Reine, paſſe dans l'appartement de la Reine où eſt l'Ambaſſadrice, à moins qu'elle n'ait voulu venir au diner s'aſſeoir & ſe mettre au rang des Ducheſſes: car alors elle ſuit la Reine après ſon diner. Le Roi vient à elle, la baiſe & lui ſouhaite un heureux voyage, enſuite il ſe retire.

Si la Reine tient ſon Cercle, l'Ambaſſadrice y prend place, & lorſque la Reine ſe lève, l'Ambaſſadrice lui baiſe le bas de la robe & prend congé d'elle.

Mais ſi l'Ambaſſadrice veut après avoir fait ſon compliment au Roi, prendre en même tems congé de la Reine, elle le peut faire, ſans attendre qu'elle ſoit en Cercle.

Elle peut voir enſuite Madame la Dauphine, Madame la Ducheſſe de Bourgogne, & faire les autres viſites.

Le 2. Novembre, Madame Buys, Ambaſſadrice de Hollande, fut conduite

 par

par le Chevalier de Saintôt, Introducteur des Ambaſſadeurs, dans le cabinet du Roi Louïs XIV. où elle prit congé de Sa Majeſté, qui la ſalua.

QUAND il n'y avoit ni Reine ni Dauphine, le Roi ſe rendoit chez Madame la Ducheſſe de Bourgogne, où il faiſoit ſes complimens à l'Ambaſſadrice, lui ſouhaitant un heureux voyage. Monſeigneur le Dauphin s'y rendoit auſſi de même que Monſeigneur le Duc de Bourgogne.

SI il n'y avoit point de femmes de Princes en ligne directe, l'Ambaſſadrice ſe rendoit au ſouper du Roi. On lui donnoit un ſiége pliant, & après le ſouper elle alloit ſe mettre en rang avec les autres Dames, dans la chambre où le Roi s'arrête; elle s'approchoit de Sa Majeſté, & en prenoit congé.

§. XXXVIII.

POUR finir ce chapitre, je rapporterai encore quelques deſcriptions plus détaillées de la manière avec laquelle ſe ſont paſſées de tems en tems les audiences des Ambaſſadrices à la Cour de France.

EN

En l'an 1614. (*) la femme de M. des Marais, Ambassadeur de France en Angleterre, désirant faire la révérence à la Reine, l'un des substituts du Maître des cérémonies, qui fait la fonction d'Introducteur des Ambassadeurs en cette Cour, la reçut en descendant du carosse à la porte du Palais de Dannemarck, où la Reine étoit logée, & la conduisit dans une chambre haute, pour y prendre un peu de repos. Dès que la Reine en fut avertie, elle y envoya la Comtesse d'Arondel, & les Dames de Sidney & de Southwel, Dames de la chambre du lit, & une de ses filles d'honneur, pour entretenir l'Ambassadrice & pour la conduire à l'audience. Un des Gentilshommes ordinaires de la Reine étant venu dire que Sa Majesté étoit dans la chambre de présence & qu'elle l'attendoit, l'Ambassadrice y entra avec les Dames que la Reine lui avoit envoyées, ses domestiques marchant devant elle. Le Grand-Chambellan de la Reine la reçut à la porte de la chambre, & la Reine lui fit beaucoup de civilité; *mais elle ne la fit point as-*

(*) Wicquefort, *Tom. II. p.* 434.

asseoir. En sortant le Grand-Chambellan l'accompagna jusqu'à la Sale des Gardes, les Dames la reconduisirent jusques à l'entrée de la galerie de la prémière cour, & le substitut la reconduisit jusques au carosse.

MR. de WICQUEFORT fait là-dessus la réflexion suivante; „ Lorsque de „ tous les honneurs que l'on prétend il „ en manque un seul, l'on n'en reçoit „ point du tout."

AUTANT cette remarque prise dans toute sa généralité, est vraie, autant elle me paroit incertaine dans son application. Car il ne s'agit pas seulement de savoir quel est le cérémonial que prétend un Ambassadeur, mais en particulier comment un ancien usage l'autorise, ou quel changement y fait un Souverain en considération du Maître de l'Ambassadeur, ou en faveur d'une grace particulière qu'il veut bien témoigner à ce dernier. Comme donc il est clair qu'une Cour en ce cas, ne se laisse pas prescrire par une autre la manière dont elle doit régler son cérémonial; de plus, comme il est aussi hors de doute, qu'en de certaines Cours le cérémonial à l'égard des Ambassadeurs du du même rang, eſt ſouvent fort différent; il ne s'enſuit pas que les Ambaſſadrices en ſouffrent par rapport au cérémonial qui leur eſt dû; au-contraire en Angleterre la choſe arriveroit que l'Ambaſſadrice ne pourroit rien prétendre outre ce qu'il a plu à la Reine de lui accorder d'honneurs, ſuppoſé qu'on n'en ait pas fait davantage à l'épouſe d'un autre Ambaſſadeur avant elle. D'un autre côté, il eſt vrai auſſi qu'une Reine de France qui fait d'ailleurs aſſeoir une Ambaſſadrice d'Angleterre auprès d'elle, ne perd pas pour cela le droit de lui ôter le tabouret: mais ce n'eſt pas là le cas de Wicquefort.

Le 12. Août 1635. (*) le Comte de Schomberg, qui paſſoit de la part de l'Empereur en Eſpagne, pour y être ſon Ambaſſadeur ordinaire, fut traité en Ambaſſadeur extraordinaire, & ſon épouſe en Ambaſſadrice à la Cour de France, pour laquelle il étoit muni de lettres de la part de ſon Maître. La Reine envoya pour elle un caroſſe, & l'Ambaſſadrice arrivant fut reçuë au pié de l'eſcalier de la Rei-

(*) Corps dipl. cér. de M. du Mont, *Tom. I. pag.* 125.

Reine par la Marquiſe de Senecé, qui la mena dans une chambre, où la Reine lui donna à diner, & la dite Marquiſe dina avec elle. Après le diner l'Ambaſſadrice fut conduite chez la Reine par la dite Marquiſe, qui lui fit donner un tabouret, & le Roi s'y étant rendu, la ſalua, après lui avoit envoyé demander ſi elle le trouveroit bon, parce que ce n'étoit pas la mode de ſon païs.

Au mois d'Octobre de 1635. (*) la Vicomteſſe de Scudamor, Ambaſſadrice d'Angleterre en France, demanda audience de la Reine, ce qui fut ſait avec les cérémonies ſuivantes. Prémièrement elle ſe rendit dans le caroſſe de la Reine, à moitié du dégré par lequel on va à la deſcente, puis la Dame de Senecé, Dame d'honneur, la reçut à l'entrée de la chambre du Sr. Bouthillier, où elle ſe reposa en attendant que l'on eut ſervi ſur table en la chambre de la deſcente. Elle dina enſuite avec la dite Marquiſe de Senecé, & fut fort bien traitée par les Officiers de la Reine. Après le diner elle eut audien-

(*) Du Mont, l. c. *pag.* 135.

dience de la Reine, & puis s'en revint coucher à Paris.

MADAME de Guent, dont le mari étoit le prémier de l'Ambaſſade que les Etats des Provinces-Unies envoyèrent à Paris en l'an 1660. (*) aïant témoigné la paſſion qu'elle avoit de faire la révérence à la Reine, l'un des Introducteurs des Ambaſſadeurs, accompagné de Mr. Girault, ſon ſubſtitut, l'alla prendre à ſon logis avec les caroſſes de la Reine, & la conduiſit dans l'antichambre, où elle fut reçuë par la Dame d'honneur, par la Dame d'atour & par les filles de la Reine. La Reine après l'avoir très-civilement reçuë, la fit aſſeoir; mais elle ne la baiſa point, parce qu'en France la Reine ne faiſoit cet honneur en ce tems-là qu'aux Princeſſes du Sang.

MADAME de Groot y fut reçuë de la même façon que Madame de Guent l'avoit été; avec cette différence, que la Cour étant à S. Germain, elle y fut conduite dans les caroſſes de la Reine, & régalée à diner d'un magnifique répas, servie par les Officiers de Sa Majeſté.

LA

(*) WICQUEFORT, *Tom. II. p. m.* 436.

LA Marquise de St. Maurice, épouse de l'Ambassadeur de Savoie à la Cour de France, fut conduite le 30. Décembre 1667. (*) deux jours après la prémière audience solemnelle de son mari auprès du Roi, à l'audience de la Reine, par Mr. de Bonnevil, Introducteur ordinaire des Ambassadeurs.

L'E'POUSE du Marquis de St. Maurice, Ambassadeur de Savoie à la Cour de France, fit aussi après son audience du 30. Déc. 1662. (†) auprès de la Reine, sa révérence à Mgr. le Dauphin; elle fut reçuë par la Gouvernante, la Maréchale de la Motte.

AU mois de Juin 1629. (§) voici ce qui se passa à l'audience que reçut de Mesdames de France à St. Cloud, l'épouse du Marquis de los Balbases, Ambassadeur extraordinaire d'Espagne: l'Ambassadrice arriva après 6. heures du soir à St. Cloud, sous l'escorte de quelques Cavaliers, accompagnée du Prince de Monaco, qui lui devoit servir d'In-

(*) LUNIG, l. c. *pag.* 581.
(†) Idem, *ibib.*
(§) Idem, *pag.* 585.

d'Interprête. A son arrivée elle se rendit dans l'appartement de Madame, où elle fut reçuë par la Maréchale du Plessis, Dame d'honneur, qui marchoit devant les Demoiselles d'honneur de cette Princesse, laquelle étoit conduite par sa Gouvernante. On la conduisit après dans la Sale, où la reçut Monsieur, qui la baisa & la présenta à Madame, assise au Cercle que composoient les susdites Dames, & où se trouvoient la Duchesse de Vivonne & la Princesse d'Elbœuf sa fille. On montra à l'Ambassadrice sa place entre les Duchesses de Vantadour & du Plessis. Monsieur, qui parloit fort bien espagnol, servit lui-même d'Interprête, & s'entretint longtems avec elle. Après avoir été environ une petite demie heure au Cercle, elle fit paroitre qu'elle désiroit de rendre aussi une visite particulière à Mademoiselle. Aussitôt la Princesse avec une foule de Dames, se rendit dans la chambre de Monsieur, où la Maréchale Duchesse du Plessis conduisit l'Ambassadrice. Mademoiselle la baisa en arrivant, & la visite étant finie, elle prit congé.

Voici de quelle manière se fit l'audiendience, que reçut à la Cour de France, le 13. Mars 1699. (*) l'épouſe du Comte Gerſy, Ambaſſadeur d'Angleterre. Le Baron de Bretevil, Introducteur des Ambaſſadeurs, fut prendre l'Ambaſſadrice dans un caroſſe de la Ducheſſe de Bourgogne, & la conduiſit auprès de Son Alteſſe Royale. La Ducheſſe du Lude, Dame d'honneur, la reçut dans l'antichambre, la baiſa, & la prenant par la main la préſenta à Madame la Ducheſſe de Bourgogne, qui étoit dans ſon grand cabinet & qui tenoit cercle. L'Ambaſſadrice fit trois révérences, & baiſa la robe de la Ducheſſe. Celle-ci lui fit l'honneur de la baiſer, après quoi elle prit place ſur une petite chaiſe au milieu du Cercle, & la Ducheſſe du Lude s'aſſit à ſa gauche. Peu après vint le Roi qui baiſa l'Ambaſſadrice. Après que Sa Majeſté ſe fut retirée, le Dauphin arriva auſſi, qui la baiſa pareillement; & enfin le Duc de Bourgogne en fit autant, dès que le Dauphin fut ſorti. Cela fini, l'Ambaſſadrice fut reconduite par la Ducheſſe du Lude juſqu'à l'endroit où celle-ci l'avoit re-

(*) LUNIG. l. c. *pag.* 597.

reçuë. Elle fut ensuite magnifiquement régalée par les Officiers de Son Altesse Royale, la Duchesse du Lude faisant les honneurs de la table. Le même jour le Baron de Bretevil conduisit encore l'Ambassadrice à l'audience de Madame. La Duchesse de Vantadour, Dame d'honneur de cette Princesse, la reçut au milieu de l'antichambre, & la conduisit dans le cabinet de Madame, qui la baisa. Monsieur y arriva aussi, & la baisa pareillement; après quoi Mr. de Bretevil reconduisit l'Ambassadrice dans le carosse de Madame la Duchesse de Bourgogne jusqu'à la maison.

Le 16. Mai 1716. le Marquis de Magny, Introducteur des Ambassadeurs, alla prendre dans les carosses du Roi, la Comtesse de Ribeira, Ambassadrice de Portugal, en son hôtel, & la conduisit à l'appartement du Roi, où la Duchesse de Ventadour la reçut & l'accompagna dans le cabinet de Sa Majesté, qui la salua: ensuite l'Ambassadrice vint au souper du Roi, où elle eut le tabouret.

En 1751. (*) le 17. Juillet, la Marqui-

(*) Mercure historiq. & politiq. Juillet 1751. *pag.* 51.

quise de Verneuil, épouse du Marquis de ce nom, Introducteur des Ambassadeurs, vint prendre à Paris Madame de Berckenrode, Ambassadrice de Hollande, & la conduisit à Versailles, où elle fut présentée le 18. à la Reine par la Duchesse de Luynes, sa Dame d'honneur. Après que Madame de Berckenrode eut, selon l'usage, baisé le bord de la robe de Sa Majesté, on lui avança un pliant, sur lequel elle s'assit vis-à-vis de la Reine, qui s'entretint avec elle dans des termes extrêmement gracieux. Le Roi étant venu, un moment après, dans la chambre de la Reine, embrassa Madame l'Ambassadrice, & employa, en lui parlant, les expressions les plus obligeantes. De chez la Reine elle fut conduite auprès de Madame la Dauphine, où vint aussi Monseigneur le Dauphin. De-là elle passa chez Madame, fille de Monseigneur le Dauphin, & ensuite chez Mesdames de France. Elle fut traitée ensuite à diner par le Marquis de Chalmazel, prémier-Maître d'Hôtel de la Reine. La Duchesse de Luynes fit les honneurs de ce répas, auquel Mr. de Berckenrode, qui se trouvoit aussi à Versailſailles, avoit été invité. Le ſoir Mr. l'Ambaſſadeur & Madame l'Ambaſſadrice aſſiſtèrent au jeu de la Reine, & virent ſouper le Roi à ſon grand couvert, où Sa Majeſté s'entretint près d'un gros quart d'heure avec ce Miniſtre. Leurs Excellences furent traitées à ſouper, le même ſoir, par la Ducheſſe de Luynes. Le 19. Mr. de Berckenrode ſe trouva au lever du Roi, & Sa Majeſté lui fit un accueil des plus gracieux. Après quoi il paſſa avec Madame ſon épouſe, chez la Reine, où ils aſſiſtèrent à la toilette de Sa Majeſté, & de-là au diner de Madame la Dauphine. Leurs Excellences furent traitées à diner, ce jour-là, par le Duc de Gêvres, Gouverneur de Paris, qui leur avoit offert ſon hôtel à Verſailles. Le ſoir elles revinrent à Paris.

CHA-

CHAPITRE VI.

Des droits & des prérogatives de l'Ambaſſadrice à l'égard des aſſemblées & des divertiſſemens de la Cour de ſa réſidence.

§. I.

L'AMBASSADRICE aïant obtenu ſa prémière audience ſolemnelle, elle a en même tems le droit de viſiter la Cour dans les plus nombreuſes aſſemblées.

Il s'enſuit donc naturellement de là, qu'il n'eſt pas permis à une Dame, qui n'eſt pas l'épouſe d'un Ambaſſadeur, de ſe trouver dans les aſſemblées qui ſe tiennent dans les appartemens de l'épouſe du Souverain.

ON en doit dire autant d'une perſonne, qui eſt actuellement Ambaſſadrice, à l'égard des Cours où l'on ne reconnoit pas ce titre; dans lequel cas elle n'obtient l'accès à la Cour, qu'en qu'en qualité d'une Dame étrangère de distinction.

§. II.

Toutefois, à la Cour de France après la prémière audience, l'Ambassadrice vient faire sa Cour, au Cercle de la Reine, à son diner, à son souper, ou à celui du Roi; elle a un tabouret, comme les Duchesses, & s'asseie avec elles à la place qu'elle trouve vuide quand elle arrive.

§. III.

A la Cour de Sardaigne, l'Ambassadrice après l'audience publique peut aussi toutes les fois qu'elle le juge à propos, aller le soir à la Cour, à l'occasion du Cercle. Elle s'assied sur un tabouret pliant, au fond du Cercle, en face de la Reine.

§. IV.

Dans les autres solemnités & parties de plaisirs de la Cour, il dépend purement

ment de la volonté du Souverain, de faire diſtinguer une Ambaſſadrice & de le faire de telle ou de telle manière.

ON ſait que les feſtins des Cours ſont de deux ſortes: il y en a de publics, où tous ceux qui dépendent de la Cour & qui ſont de rang & de diſtinction, peuvent ſe trouver ſans être invités; & des particuliers, auxquels le Souverain nomme expreſſément les perſonnes qui doivent y paroitre.

PAR rapport au prémier cas, il dépend du goût de l'Ambaſſadrice d'attendre qu'on l'invite, ou de s'y rendre même ſans avoir égard à cette circonſtance.

LE prémier eſt ſans doute le plus convenable, ſur-tout quand on ſait d'ailleurs que les invitations aux ſolemnités & aux feſtins ſont d'uſage à une telle Cour.

DANS les feſtins privés, & en d'autres aſſemblées de plaiſirs, où le choix des perſonnes dépend de la volonté du Souverain, il faut que l'Ambaſſadrice attende qu'on l'invite, & elle ne ſauroit regarder comme un mépris de ſon caractère de n'être pas invitée.

IL

Il en eſt tout autrement, quand des perſonnes de ſon rang & de ſon caractère ſont invitées & qu'elle ne l'eſt pas, car alors c'eſt une marque d'indifférence pour ſa perſonne, ou de mépris pour ſon caractère.

Du moins eſt-il certain, que dans les occaſions où l'on invite les Dames de la Cour, & celles qui ſe trouvent dans la Réſidence, qu'on ne néglige jamais une Ambaſſadrice, qu'on la diſtingue toujours davantage, bien loin de l'eſtimer moindre que les autres, comme les exemples en ſont aſſez connus.

Plus une Cour a de raiſons pour ménager l'autre & ſe la rendre favorable, plus un Ambaſſadeur ſait ſe concilier l'eſtime publique, & rendre ſon caractère reſpectable par ſes grandes qualités: plus une Ambaſſadrice a de charmes dans l'eſprit, de graces dans la figure, d'agrémens dans la converſation, de politeſſe dans les manières, d'aſcendant ſur ſon époux, plus auſſi la traite-t-on avec diſtinction & de grandes marques d'honneur dans les occaſions d'éclat.

On fit en 1609. l'honneur à l'épouſe de l'Ambaſſadeur d'Angleterre, qui réſidoit en France du tems du Roi Henri IV. de l'inviter à un Ballet, dont Mr. de Villeroi donna avis à Mr. de la Boderie, Ambaſſadeur de France à Londres, en date du 23. Janvier de cette année, en ces termes: „ On m'a dit, „ que la Reine a fait prier par Mada- „ me de Sully, la femme de l'Ambas- „ ſadeur d'Angleterre, de voir le dit „ Ballet à l'Arſenal, où l'on parle de ſe- „ mondre encore ſon mari, & même „ l'Ambaſſadeur de Veniſe. Le Roi s'y „ trouvera. Nous avons opinion que „ la Reine Marguerite priera le Nonce, „ Dom Pedro, & l'Ambaſſadeur de „ Flandres avec ſa femme, où Sa Ma- „ jeſté pourra auſſi bien ſe réſoudre d'al- „ ler. " (*)

MR. de Puiſieux écrit le 5. Février 1609. „ Ce mot n'eſt que pour „ vous donner avis de la bonne part & „ contentement, qu'a eu cet Ambaſſa- „ deur d'Angleterre au Ballet de notre „ Reine, qui fut danſé Dimanche der- „ nier,

(*) Dans les lettres d'Henri IV. Roi de France, &c. à Mr. de la Boderie, *Tom. II. pag.* 11. & 17.

„ nier, auquel il fut convié par le Roi „ d'assister, & sa femme par la Reine, & „ eurent leurs places & séance derrière „ les chaises de Leurs Majestés."

A la solemnité du mariage du feu Duc d'Holstein avec une Princesse Czarienne, célébré en l'an 1725. à Pétersbourg, le Conseil souverain de l'Empire fit inviter le 20. Mai par le Sécrétaire des Ambassades Schubert, les épouses de tous les Ministres étrangers, leurs époux aïant été déjà invités le jour précedent.

On a même des exemples, quon a fait des festins à l'honneur d'une Ambassadrice à la Cour où elle résidoit.

Comme Mylady Fielding, épouse de l'Ambassadeur d'Angleterre à la Cour du Duc de Savoie, passa avec lui en France en 1634. la Reine donna exprès un Bal pour elle.

En 1647. (*) fut donné un Bal & dansé au Palais Royal, en présence du Roi & de la Reine de France, à l'occasion de l'Ambassadeur de Dannemarc & de l'Ambassadrice sa femme; elle étoit placée sur un banc avec son mari, à la droi-

(*) Mém. de Saintôt, l. c. *pag.* 88.

droite de la Reine d'Angleterre & de la Reine de France. Le Duc de Joyeuse la vint prendre pour danser au branle.

§. V.

UNE Ambassadrice est au reste obligée de se conformer en de telles occasions, aux anciennes coutumes & aux ordres qui sont usités en de telles Cours, si elles n'en sont dispensées par grace spéciale ou par une distinction particulière.

VOICI ce qui arriva en 1666. à Vienne à l'épouse de l'Ambassadeur Espagnol Don de la Queva. Comme il y avoit Bal à la Cour, & que la dite Ambassadrice s'y vouloit faire porter dans un fauteuil jusques dans la chambre des Chevaliers, on lui représenta que cela n'étoit pas permis. Malgré cela elle s'y rend; mais après avoir laissé son fauteuil à l'écart, on défend à tous ceux de sa suite & de celle de son époux de la suivre dans la dite chambre; ensuite de quoi elle fut obligée de se retirer seule sans pompe & sans suite.

CHA-

CHAPITRE VII.

Des visites & du cérémonial d'une Ambassadrice à l'égard des autres Ambassadeurs & leurs épouses.

§. I.

La dernière venuë des Ambassadrices reçoit la prémière visite des Ambassadeurs & de leurs épouses, qui se trouvent déjà à la Cour où ils résident; ce cérémonial n'a jamais été contesté.

Au Congrès de Nimègue, le Marquis de los Balbases, Ambassadeur d'Espagne, demeura quelque tems *incognito*, mais cela n'empêcha pas que les Ambassadeurs de France n'envoyassent complimenter Madame la Marquise, & lui demander audience. Ils la visitèrent séparément, sans beaucoup de cérémonie. Tous les autres Ambassadeurs & Ambassadrices en firent autant, en attendant qu'on lui pût rendre les visites publiques (*).

COMME la Maréchale d'Estrades, Ambassadrice de France, arriva à Nimègue le 12. Juillet 1678. tous les Ambassadeurs & les Ambassadrices lui rendirent visite en cérémonie, incontinent après son arrivée (†).

AU Congrès de Cambrai en l'an 1721. le 17. Mars arriva la Comtesse de Windischgraz, épouse de l'Ambassadeur de l'Empereur, & le même jour l'Ambassadeur de France, Mr. de St. Contest, & l'Ambassadeur d'Espagne, le Marquis de Beretti Landi, lui firent l'honneur de la prémière visite.

§. II.

POUR ce qui regarde les ré-visites, c'est tout une autre affaire, rélativement à l'ordre dans lequel il les faut faire, vu qu'il y a, comme on sait, encore des Cours qui se disputent la prééminence, &

(*) Voy. l'Histoire des Négotiat. de Nimègue, par DISDIER, *pag.* 78.

(†) Voy. DISDIER, l. c. *pag.* 142.

& de telles disputes se renouvellent facilement en de pareilles occasions entre les Ambassadeurs de ces Cours, & les Ambassadrices y ont aussi quelquefois pris part.

Au Congrès de la paix de Nimègue, il arriva une dispute entre les épouses des Ambassadeurs de Suède & de France, qui causa beaucoup de froideur entre les Ambassadeurs de ces deux Couronnes. Voici le fait dont il s'agit (*).

Madame la Comtesse d'Oxenstiern, Ambassadrice de Suède, après être relevée de ses couches, affecta de rendre la prémière visite à l'Ambassadrice d'Espagne. Ce procédé choqua Madame Colbert, Ambassadrice de France, qui refusa ensuite deux fois la visite de Madame d'Oxenstiern, sous des prétextes d'une indisposition affectée, qui ne l'empêchoient pas de recevoir en même tems celle de plusieurs autres Dames. Cela fit éclater le sujet du démélé, qu'il n'eût pas été difficile d'ajuster, si l'on avoit eu à faire à des personnes d'une humeur plus aisée qu'on

(*) Voy. l'Hist. des Négot. de Nimègue, par Disdier, *pag.* 99. & 100.

qu'on étoit (ſelon l'avis des François) chez Mr. d'Oxienſtiern, où il paroiſſoit en toutes choſes un air ſi grave, que ceux qui ſont d'un naturel plus libre avoient peine de s'en accommoder. Cela ſit que le démélé de ces deux Dames & la froideur qu'il y eut entre les Ambaſſàdeurs de France & le prémier de Suède, durèrent juſqu'à la ſin de l'Aſſemblée.

§. III.

LES Ambaſſadrices obſervent à proportion à l'égard des épouſes des Envoyés & des Réſidens, la même conduite que tiennent leurs époux à l'égard de ces derniers. Suivant cela l'épouſe de l'Ambaſſadeur d'un Roi a inconteſtablement partout, le rang, le pas & la main, avant celle d'un Envoyé de l'Empereur.

§. IV.

A l'égard des Miniſtres d'un plus bas ordre, ſavoir des Envoyés & des Réſidens, le rang que les Ambaſſadeurs ſoutiennent, eſt auſſi le même que leurs épouſes maintiennent.

Au

Au Congrès de Munſter & d'Osnabrug (*), les femmes des Ambaſſadeurs & des Miniſtres du ſecond ordre ſe viſitoient avec la même circonſpection & dans le même ordre que leurs maris, en obſervant le même rang partout.

C'est pourquoi lorsque la Comteſſe de Sannazare, épouſe du Plénipotentiaire de Mantouë, voulut rendre viſite à Madame Servien, Ambaſſadrice de France, après avoir viſité Madame le Brun, Ambaſſadrice d'Eſpagne, elle ne fut point admiſe.

§. V.

Dans les occaſions où les Ambaſſadeurs concourent avec les Ambaſſadrices, & où ils pourroient aller de pair avec elles, la bienſéance demande qu'ils leur cèdent le pas, ſi ce n'eſt en un cas où le caractère de *repréſentant* ne le permet pas, où il y auroit du préjudice à craindre pour la grandeur & le rang de ſon maître.

Le

(*) Voy. Wicquefort, l. c. *Tom. II. p.* 437.

LE Comte de Brienne raconte un pareil accident. En 1625. Charles, Roi d'Angleterre, qui devoit époufer la Princeffe Henriette de France, voulant fe rendre avec fa fiancée à Cantorbery, où leur mariage fe devoit confommer, accompagné de l'Ambaffadeur de France & d'un nombreux cortége de fa Cour, le Roi commanda que le prémier Ambaffadeur, Mr. de Chevreufe, iroit avec fon époufe dans le caroffe de la Reine; mais comme il y furvint quelques difputes avec les autres Ambaffadeurs pour cela, Mr. de Chevreufe alla dans le caroffe des autres Ambaffadeurs, & fon époufe garda fa place dans le caroffe de la Reine.

§. VI.

DANS les affemblées des Ambaffadeurs, les Ambaffadrices fe fervent des droits du beau fexe, fuivant lefquels on doit céder à une Dame en chaque occafion la prémière place, & fa droite eft du haut en bas toujours la plus honorable.

IL arriva en 1701. (*) entre Mr. de Vie-

(*) Voy. LUNIG. l. c. pag. 434.

Viereck, Envoyé de Pruſſe, & Mr. Hanſen, Réſident Impérial à la Cour de Dannemarck, une desagréable diſpute à cauſe du haut bout de la table. Ils étoient tous deux invités chez l'Ambaſſadeur de Moſcovie. Mr. Viereck prétendoit la prémière place devant le Réſident. Mais comme ce dernier ne voulut pas céder, l'autre ſe fourra avec tant de force & de fureur entre l'Ambaſſadrice & le Réſident, qu'il renverſa preſque la table avec les mets.

§. VII.

Enfin, pour ce qui regarde les aſſemblées dans le quartier même de l'Ambaſſadrice, on peut dire que c'eſt ſon département propre, & que le prémier ſoin d'une Ambaſſadrice, pendant tout le tems de l'Ambaſſade, eſt de faire les honneurs de la maiſon, de manière que l'Ambaſſadeur ſon époux puiſſe ſans empêchement s'acquiter de ſa charge, & ſoutenir par-tout dignement l'honneur de ſon caractère, avec la bienſéance convenable à ſon rang; ce qui exige beaucoup d'ordre dans l'œconomie domeſtique.

Il faut que je rapporte encore pour la consolation de nos Ambassadrices de l'Europe, les manières dures & grossières d'un Envoyé de l'Asie, sur-tout parce qu'on ne connoit pas bien le prix d'un traitement libre, que quand on vient à le comparer avec son contraire. Imani Culi Sultan, homme de soixante & dix ans, fut envoyé en 1639. en qualité d'Ambassadeur de Perse, avec l'Ambassadeur de Holstein, pour aller avec lui en Allemagne, & saluër le Duc de Holstein de la part du Sophi. Etant arrivé à Astracan, il acheta pour 120. écus & un cheval de suite qui en valoit 10. une pucelle de Tartarie, qui étoit la fille d'un Myrse ou d'un Prince, pour en faire son épouse; nulle autre personne que ses servantes, n'eut le bonheur de la voir en chemin. Quoiqu'elle fût toujours masquée, il avoit pourtant toujours quelques lambeaux de drap, pour les pendre autour d'elle, quand elle sortoit du carosse, & qu'elle montoit les dégrés jusqu'au Poèle, afin que personne ne pût voir sa taille, ni même ses habits. L'Ambassadeur de Perse étant arrivé à Gottorf avec elle, & se trouvant un jour à la table du Prin-

Prince, les Princeſſes le prièrent, lorſqu'elles virent qu'il étoit de bonne humeur, d'avoir la bonté de faire deſcendre ſon épouſe en leur compagnie. L'Ambaſſadeur répondit avec beaucoup de politeſſe, qu'il étoit prêt de leur accorder tout & d'obéir à leurs commandemens, mais que pour ce qui regardoit leur demande, elle étoit directement contraire aux coutumes de ſon païs, & qu'il n'étoit pas permis à une honnête femme de ſe faire voir en de telles compagnies, & que ce n'étoit, ſans choquer toutefois la manière allemande, que des malhonnêtes gens qui le faiſoient. Qu'enfin il la feroit venir ſi on le vouloit, mais qu'elles ne s'étonnaſſent pas s'il lui faiſoit demain mettre la tête devant les piés. A quoi la compagnie répliqua, qu'il n'avoit qu'à la tenir toujours renfermée dans ſon appartement (*).

§. VIII.

QUAND les Ambaſſadeurs partent pour

(*) Voy. LUDOLFFS Schaubuhne de 17mo ſeculo, *Tom. II. pag.* 742.

pour quelque tems, & que l'occaſion requiert la célébration d'un jour ſolemnel, c'eſt alors que l'Ambaſſadrice fait la fonction de ſon époux dans ſa maiſon.

LA Marquiſe de Prié, épouſe de l'Ambaſſadeur de l'Empereur Joſeph à la Cour de Rome, donna à l'occaſion de l'heureux avènement de l'Empereur Charles VI. au Trône impérial, en l'an 1711. dans l'abſence de ſon époux, un grand & magnifique feſtin.

MADAME la Maréchale de Belle-Iſle, épouſe de l'Ambaſſadeur de France, donna l'an 1741. en l'abſence de ſon mari, à tous les Ambaſſadeurs aſſemblés pour l'élection de l'Empereur, un magnifique répas.

§. IX.

VOICI un cas qui pour être plus rare, n'en eſt pas moins véritable; ſavoir qu'un Ambaſſadeur prête ſon épouſe à un autre, pour aider à régler un feſtin & pour y faire les honneurs.

LA choſe arriva au Congrès de Nimègue. Le ſecond Ambaſſadeur d'Eſpagne, Marquis de la Fuente, n'étoit pas muni par

par des pleins pouvoirs assez suffisans pour établir son caractère; c'est pourquoi les Ambassadeurs de France refusèrent de le voir. Le Marquis qui faisoit profession d'être fort galant, voulut donner aux Ambassadrices une fête à la manière d'Espagne; mais comme elles n'alloient point chez les Ambassadeurs qui n'avoient point de femmes, il les fit inviter au nom de la Marquise de Quintana, qui en faisoit les honneurs. Les Ambassadeurs de France étoient invités, mais ils s'en excusèrent; ne pouvant pas voir le Marquis de la Fuente: les deux Ambassadrices ne se souciant pas de cette querelle, y allèrent (*).

A la Diète de Francfort, après la mort de Charles VI. le même cas arriva entre l'Ambassadeur d'Espagne & celui de France, qui d'ailleurs vivoient en bonne harmonie à cause de l'intérêt commun de leurs Cours, & aussi à cause du voisinage de leurs quartiers. Car lorsque Mr. le Comte de Montijo, Ambassadeur d'Espagne, voulut au jour de la fête de la Reine d'Espagne, faire un grand festin,

(*) Disdier, l. c. *pag.* 151.

ſtin, Madame la Maréchale de Belle-Iſle y fit les honneurs de la maiſon.

CHAPITRE VIII.

Des viſites, du cérémonial, & des diſputes de rang d'une Ambaſſadrice avec d'autres perſonnes de diſtinction de l'un & de l'autre ſexe.

§. I.

QUAND une Ambaſſadrice veut ſe faire connoitre aux Princeſſes du ſang de la Cour où ſon époux réſide, alors elle eſt obligée de leur rendre la prémière viſite.

§. II.

EN France, chez les Princeſſes du ſang & chez les Princeſſes légitimées, on reçoit une Ambaſſadrice à la deſcente de ſon caroſſe. L'Introducteur vient à ſa rencontre au bas de l'eſcalier. La Dame d'honneur,

neur, accompagnée des filles d'honneur, va au devant d'elle hors la porte de la chambre où la visite se fait. Elles se saluent, se baisent & lui font donner un fauteuil, & aux Dames des siéges plians. L'Introducteur en a aussi un. La visite faite, la Dame d'honneur & les filles d'honneur la vont conduire à la porte de la chambre, où elles ont été la recevoir, & les Gentilshommes jusqu'au carosse, qu'ils voient partir.

L'Ambassadeur de Venise à la Cour de France, Mr. Erizzo, ne voulut pas que sa femme rendît visite aux Princesses du sang, à moins qu'elle n'en fût traitée d'égale à égale. On lui fit voir que sa prétention n'étoit pas juste, qu'il y avoit de l'inégalité dans la réception que les Princes du sang faisoient aux Ambassadeurs, ne descendant que quatre ou cinq dégrés pour aller au devant d'eux; que dans celle que les Ambassadeurs leur faisoient, ils venoient les recevoir à la descente de leurs carosses, que les Ambassadrices n'avoient point de caractère représentant, & que la manière dont la Reine les recevoit, faisoit assez connoitre la différence qu'on mettoit entre les Ambasbaſſadeurs & celles-ci, n'aïant pas, même à leur paſſage, l'honneur des armes dans la Sale des Gardes du corps (*).

§. III.

POUR ce qui regarde la viſite que l'Ambaſſadrice doit recevoir à ſon tour, on ſuit ordinairement les coutumes de la Cour où elle eſt; car ſi on n'y obſerve aucun cérémonial à l'égard des Ambaſſadrices, on ne regarde leurs viſites que comme des devoirs de bienſéance. Par exemple, à la Cour impériale une Archiducheſſe ne rend point de viſites à aucune Ambaſſadrice; mais quand on regarde l'épouſe d'un Ambaſſadeur comme participante en quelque façon du caractère repréſentant, & qu'on lui accorde en d'autres points un cérémonial réglé, c'eſt alors qu'elle reçoit auſſi des viſites.

C'EST ainſi qu'on en agit en France, où l'on obſerve le cérémonial ſuivant: L'Ambaſſadrice recevant viſite d'une Princeſſe du ſang, le jour concerté par l'Intro-

(*) DU MONT, l. c. *pag.* 59.

troducteur, le carosse de la Princesse, précedé du carosse de l'Ecuyer, avec les Gentilshommes de sa maison, & suivis de quelques carosses remplis de Dames ou de domestiques, arrive chez l'Ambassadrice: ses Gentilshommes viennent recevoir la Princesse à la descente de son carosse. L'Ambassadrice va au devant d'elle à la porte de son antichambre, la conduit à la ruelle de son lit, où la Princesse trouve un fauteuil préparé & un pour l'Ambassadrice, qui est placé vis-à-vis celui de la Princesse. On donne des siéges aux Dames qui sont avec elle, selon leur qualité. La conversation finie, la Princesse est reconduite par l'Ambassadrice hors la porte de son antichambre, & par ses Gentilshommes à son carosse.

§. IV.

On ne sauroit donner de règles sures touchant le rang que pourroit prétendre une Ambassadrice dans les festins, ou les parties de plaisirs, qui se donnent à la Cour. Car comme c'est purement un effet de complaisance & de politesse, & que ce n'est absolument pas un devoir qu'un qu'un Souverain invite une Ambaſſadrice en de telles occaſions, tout dépend de ſon bon plaiſir.

On ſe ſert quelquefois d'échapatoires & de tempéramens, par exemple, on fait tirer au ſort, on ſe ſert de tables rondes, &c. afin de ne dégoûter ni l'une ni l'autre partie.

Enfin le plus court eſt, que la perſonne, qui croiroit déroger à ſon rang en cédant de bon gré ou par force, s'abſente de pareils feſtins.

§. V.

On peut dire la même choſe des réjouïſſances & des feſtins, que ne fait pas le Souverain, mais que donnent les autres grands Seigneurs, ou l'Ambaſſadeur lui-même, & auxquels on invite d'autres Dames.

Pendant que le Duc de Chaunes (*) & le Comte de Tillières furent Ambaſſadeurs de la part de Louïs XIII. Roi de France, en Angleterre, aïant été

(*) Wicquefort, *Tom. II. p. m.* 433. 434.

été conviés à un bal, accompagné d'un grand festin, la Comtesse de Buckingam, mère du Favori, aïant fait mettre la Marquise, sa bru, à la prémière place, fit donner la deuxième à la Comtesse de Tillières, Ambassadrice de France, & prit la troisième pour elle-meme, au grand scandale des Comtesses d'Angleterre, qui prétendoient le rang sur l'Ambassadrice de France. Au festin que le Vicomte de Duncaster fit aux Ambassadeurs quelques jours après le bal, le Roi se mit au milieu de la table, aïant à sa main droite le Prince de Galles, & à sa gauche le Duc de Chaunes, & l'Ambassadeur ordinaire étoit placé au bas bout de la table. Les Seigneurs & les Dames étoient assis à une table, qui régnoit le long de la Sale, ensorte que la Marquise de Buckingham eut la prémière place à la main droite, un Seigneur françois la deuxième, l'Ambassadrice de France la troisième, &c. La Comtesse de Warwic eut la prémière place du côté gauche, un Seigneur françois la deuxième, & Madame de Duncaster la troisième, &c. La Comtesse de Dorset se plaçant bien plus bas, au-dessous de plusieurs au-

autres, inférieures en qualité à elle; soit que cela se fît par hasard, ou qu'elle n'eut pas voulu prendre place immédiatement après l'Ambassadrice de France, à qui elle ne croyoit pas devoir céder.

Mr. de Wicquefort raisonne après ce récit: „ Au reste il n'y a point de „ raison, qui puisse obliger une Ambas- „ sadrice, qui tient rang de Comtes- „ se en son païs, de le céder aux Com- „ tesses de la Cour, où son mari ré- „ side."

Mr. de Wicquefort raconte de plus que le Grand-Chambellan d'Angleterre avoit ordonné, qu'au festin, qui s'y fit pour le mariage de l'Electeur Palatin avec la Princesse, fille unique du Roi Jaques, l'Ambassadrice de France seroit placée après la dernière Comtesse, & devant la prémière Baronnesse; mais que la Vicomtesse d'Effingam lui avoit disputé le rang, & ne le pouvant obtenir, préféra de s'absenter plutôt que de céder.

§. VI.

§. VI.

Nous venons de dire dans le prémier chapitre, qu'à Rome du tems de la prémière Ambaſſadrice, la Comteſſe d'Olivarez, les diſputes de rang avoient déja commencé avec les Princeſſes des anciennes familles romaines. Elles ont duré juſqu'à nos jours; & toutes les fois qu'il arrive qu'une Ambaſſadrice d'une Tête couronnée vient à Rome, & qu'on y fait quelques ſolemnités, alors ces diſputes touchant le rang & le cérémonial ſe renouvellent auſſi, & les Dames romaines cherchent quelques échapatoires & évitent de ſe trouver dans les occaſions où elles pourroient ſe trouver obligées de céder.

Comme en 1722. le 28. Juin, le Connétable Colonna préſenta en qualité d'Ambaſſadeur extraordinaire de l'Empereur, au Pape, la Haquenée à cauſe du Royaume de Naples, & qu'il y eut le même ſoir grande aſſemblée dans ſon palais, il ne s'y trouva aucune Dame romaine, excepté la ſœur du Pape & la Ducheſſe d'Aquaſparta, afin de n'être pas obligées de céder le pas à l'épouſe du Connétable, comme étant Ambasſadrice extraordinaire.

§. VII.

En général tout cela ne regarde que les diſputes de rang, que les Ambasſadrices pourroient avoir avec d'autres Dames; car aucun Cavalier, de quelque rang qu'il fût, ne commettroit jamais l'impoliteſſe de diſputer à une Dame le rang qu'elle a par tout le monde préférablement à notre ſexe, quand même le caractère d'une Ambaſſadrice ne la rendroit pas doublement reſpectable.

§. VIII.

La règle commune dans les viſites des Ambaſſadeurs & d'autres perſonnes de diſtinction eſt d'ailleurs, que le dernier venu reçoit la prémière viſite; mais comme elle n'oblige que les égaux, ou ceux qui ne ſont pas de beaucoup différens, il arrive auſſi quelquefois des prétentions dans le cérémonial entre des perſonnes d'un rang égal, qui les empêchent de ſe rendre viſite, & qui ſont qu'on ne s'aboubouche que dans un lieu tiers, ou même qu'on ne se voit point du tout.

Outre ce que nous avons dit, dans le chapitre précedent, des disputes de rang d'une Ambassadrice avec une autre, il faut encore ajouter à cette rubrique le cas suivant: Mr. Erizzo, Ambassadeur de Venise en France, prétendoit que sa femme devoit être visitée la prémière par les Dames de qualité, après avoir donné avis de son arrivée, comme les Ambassadeurs font aux Ministres étrangers lorsqu'ils arrivent, & qu'elle ne devoit donner la main qu'aux Princesses, aux Duchesses & aux Femmes des Maréchaux de France. Mais les Ambassadrices, qui sont venuës depuis, n'ont point formé ces difficultés, sachant que pas une des Dames n'avoit été rendre visite à l'Ambassadrice Erizzo. Elles ont vu toutes les Dames, & leur ont donné la place d'honneur chez elles (*).

En 1643. l'épouse du Comte de Servien, Ambassadeur de France en Hollande, eut une semblable dispute avec la Princesse d'Orange. Les Ambassadeurs de

(*) Du Mont, l. c. *pag.* 59.

de cette Couronne avoient poussé la chose jusques-là, que le Prince Fréderic-Henri d'Orange leur avoit promis d'aller aussi à leur rencontre quand ils arriveroient, & de leur rendre la prémière visite. Cela aïant été une fois accordé & exécuté, l'Ambassadrice en prétendit autant de la Princesse, mais inutilement, car elle n'en voulut rien faire. Voici comme le Père BOUGEANT (*) raconte cette avanture: „ Les femmes plus „ jalouses de leurs droits ne purent s'ac„ commoder entre elles. Après la dé„ marche que le Prince d'Orange ve„ noit de faire, il étoit naturel que la „ Princesse son épouse fît aussi la pré„ mière visite à Madame de Servien, „ qui suivoit son mari dans son Ambas„ sade; mais rien ne put y faire résou„ dre la Princesse. L'Ambassadrice se „ croyant de son côté en droit d'exiger „ les mêmes honneurs que son mari, „ comme en effet l'usage l'a voulu de „ tout tems, refusa constamment de „ rendre la prémière visite; desorte „ qu'elles ne se virent point, pendant

„ tout

(*) l. c. *pag.* 532.

„ tout le tems que Madame de Ser-
„ vien demeura à la Haie."

§. IX.

Dans les visites d'une Ambassadrice à la Cour de France, à la femme du Sécrétaire d'Etat des affaires étrangères, tout se passe d'égale à égale (*).

§. X.

Je ne sais plus rien qui puisse entrer dans ce chapitre & qui regarde le cérémonial & les disputes de rang des Ambassadrices, si ce n'est ce qui arriva à Rome l'an 1702. Le carosse de l'Ambassadrice d'Espagne, Duchesse d'Ucéda, & celui du Cardinal Grimani, s'étant rencontrés & ne voulant céder le pas ni l'un ni l'autre, les domestiques de l'Ambassadrice prirent les chevaux du Cardinal par la bride, & se voulurent ouvrir le passage: des paroles on en vint aux mains, desorte que les domestiques du Cardinal tuèrent un page & deux laquais de la suite de

(*) M. du Mont, l. c. p. 59.

de l'Ambaſſadrice: le tumulte & le danger devinrent ſi grands, que le Pape fut obligé de faire mettre 4000. hommes ſous les armes pour le calmer. L'Ambaſſadeur d'Eſpagne avoit fait mettre une forte garde dans ſon quartier, & fait venir de Naples un navire plein de ſoldats; mais Sa Sainteté s'en trouva fort offenſée, fit mettre ces gens en arrêt, & s'en plaignit au Roi d'Eſpagne, comme ſi de cette façon on eut voulu le forcer dans ſa Réſidence. Le Roi desapprouva la conduite de ſon Miniſtre, lui commanda de donner ſatisfaction au Pape, & de s'accommoder même avec le Cardinal Grimani; ce qu'il fit de la manière ſuivante. La Ducheſſe envoya la prémière auprès du Cardinal, & fit excuſer de ſon mieux les excès de violence & de force cauſés par ſes gens: ſurquoi le Cardinal lui fit témoigner ſa douleur ſur ce qui avoit été commis par les ſiens, en la faiſant aſſurer du reſpect qu'il avoit pour une Dame de ſon rang. La Ducheſſe fit dire enſuite à ſon Eminence, qu'elle ne lui en attribuoit aucunement la cauſe, mais à trois de ſes domeſtiques. Après cette réponſe le Cardinal voulut d'abord les congégédier, mais Madame l'Ambassadrice aïant intercédé pour eux il les garde à son service (*).

§. XI.

MONSIEUR KÉISLER (†) dit, que la Princesse, Abbesse du haut & du bas Munster, ne fréquentoit à Ratisbonne aucune compagnie, parce que les épouses des Ambassadeurs ne lui vouloient pas céder le pas; & le Sr. LUNIG (§) nous a laissé une longue relation, que l'Ambassadeur de Trèves donna à sa Cour, touchant la dispute que son épouse eut à la Diète de Ratisbonne en 1702. avec l'Abbesse de Nider-Münster, où on en vint aux mains. Mais comme cette déduction est trop longue, & que d'ailleurs elle ne contribuë, excepté dans les affaires de l'Empi-

(*) LUNIG. l. c. *pag.* 437. On lit dans la vie du Pape Clément XI. *Part. I. pag.* 426. quelques circonstances rapportées autrement & au desavantage des Espagnols.

(†) Dans ses voyages, *Tom. II. pag.* 1418. nouv. édit.

(§) In Theatro Cerem. *Tom. I. pag.* 1399.

pire, en rien à l'éclairciſſement de cette matière, j'ai cru qu'il ſeroit inutile de la rapporter ici.

§. XII.

JE ſerois également hors d'état de pouvoir produire quelque choſe, par rapport à la conduite d'une Ambaſſadrice, au rang & aux préférences qu'on lui donne, ſi la diſpute qui arriva à la Haie en 1700. & qui fut pouſſée bien loin, entre l'Ambaſſadrice de Suède, Madame de Lilienroth, & une Dame hollandoiſe, ne m'en fourniſſoit l'occaſion.

L'AMBASSADEUR publia lui-même l'hiſtoire de cette affaire dans le *Factum* qu'il donna & qu'on trouve dans les *Mémoires de* LAMBERTY, du XVIII. ſiècle, *Tom. I. pag.* 164.

MADAME l'Ambaſſadrice de Suède allant le 24. d'Octobre 1700. en viſite chez Madame la Comteſſe de Hoorne, y trouva grande compagnie, & parmi beaucoup d'autres, Madame de la Lecke la Douairière, avec ſa nièce. Quand l'Ambaſſadrice y entra, toute la compagnie

gnie ſe leva & demeura quelque tems debout auprès de la cheminée, continuant la converſation. Madame la Comteſſe de Hoorne les aïant prié de s'aſſeoir, Madame de la Lecke & une autre Dame prirent leur place de ſon côté; & l'Ambaſſadrice ſe trouvant de l'autre côté de la cheminée, prit une chaiſe qui étoit auprès d'elle, pour s'y metre; mais remarquant que la nièce de Madame de la Lecke, qui étoit une jeune Demoiſelle, s'avança pour s'en ſaiſir, elle lui fit une révérence & lui dit: *Vous voulez bien, Mademoiſelle, que je prenne ma place ici;* à quoi la Demoiſelle ne répondit rien. Deux heures après ou environ, l'Ambaſſadrice s'en alla chez Madame Suaſſo, où l'aſſemblée étoit ce jour-là, & elle y rencontra en entrant Monſieur le Comte de Dhona, Gouverneur du Prince Electoral de Brandebourg, qui l'arrêta un moment pour l'entretenir; mais elle n'y fut pas plutôt entrée que Madame de la Lecke, qui y étoit déjà, partit brusquement de ſa place, & prit en paſſant par la main une Demoiſelle françoiſe, nommée Mademoiſelle de Nemours, qu'elle entraîna avec ſoi pour être témoin de la

 bel-

belle expédition qu'elle alloit faire. Elle fendit la presse, approcha de l'Ambassadrice, & avançant la tête lui dit tout haut d'un ton aigre & plein d'animosité & de colère: *Madame, je viens vous dire que vous êtes une impertinente, pour avoir pris tantôt la place de ma nièce.* L'Ambassadrice fort étonnée d'un compliment si inopiné, se tourna tout d'un coup sans y repliquer un seul mot: car, outre qu'elle ne trouva pas à propos de se commettre avec une personne qui se possédoit si peu, elle jugea d'abord qu'il ne falloit pas faire une dispute de femmes d'une insulte faite à son caractère, & qu'ainsi ce n'étoit pas sa cause. Elle ne laissoit pourtant pas d'être sensiblement outrée, tant de l'injure, que de l'injuste prétention de la dite Dame, qui passeroit pour ridicule parmi les honnêtes gens, tant ici qu'en tout autre païs du monde où la politesse & les bonnes mœurs sont en pratique. Elle n'ignoroit pas non plus le rang que les Ambassadrices ont dans toutes les Cours, ni la considération qu'on y a pour elles; desorte qu'il lui paroissoit extraordinaire qu'on voulût la lui disputer dans une maison par-

particulière, & qu'on lui en fît un sujet de querelle. L'Ambassadrice croyoit au commencement, que Madame de la Lecke venoit lui faire excuse de l'incivilité de sa nièce, mais elle en fut bientôt détrompée. Il n'y a guères d'exemples qu'une femme de qualité se soit oubliée jusqu'à un tel point que Madame de la Lecke fit en cette occasion. Aussi en fut-elle blâmée par la plupart de l'assemblée, qui étoit fort nombreuse.

Ce *Factum* étoit accompagné du Mémorial suivant:

Très-Hauts & Très-Puissans Seigneurs,

Il y a environ deux ans entiers, qu'aïant en main les affaires de mon très-gracieux Roi, il m'a été permis de jouïr entièrement, par les secours & la complaisance de Vos Hautes Puissances, de l'honneur, des droits & des prérogatives, que le droit des gens accorde au caractère dont je suis revêtu. Je reconnois donc qu'à cet égard je suis dans une obligation indispensable d'avoir pour V. H. P. tout le respect possible, de leur en marquer tout le remerciment imaginable, & en faire toujours les éloges qu'elles méritent. C'est cette bienveillance signalée de V. H. P. qui m'a inspiré non seulement, mais qui m'a encore engagé à m'employer de mon mieux pour le bien & les avantages de cette République. Mes soins & mes peines ont réussi jusqu'au point, qu'entant que V. H. P. se réposant sur la droiture de mon très-gracieux Roi, ont conféré à Sa Majesté la médiation de paix qui a été concluë il y a quatre ans à Ryswick. Il est ensuite arrivé que l'amitié entre Sa Majesté & Vos Hautes Puissances, s'est de plus en plus augmentée & affermie par le concours de nouvelles alliances, qui avoient en vuë à l'avenir l'utilité & la sureté des Royaumes, des Païs & des Sujets de part & d'autre. J'ai trouvé à propos de faire mention de ceci, pour avoir l'occasion de faire voir de quelle manière j'ai appris par toutes les affaires que j'ai manié, que par un ministère de trente années consecutives, dans lequel j'ai été employé à de pareilles choses, & souvent par ma propre expérience, comme par celle d'autrui, comment j'ai appris, dis-

je,

jè, de quelle utilité & de quelle néceſſité il eſt, que ceux qui ont de pareilles négociations en main, ſoient très-particulièrement protégés & honorés, & que tant eux que leur ſuite jouïſſent de cette protection, de ces priviléges & exemtions, qui leur ont été accordés par le droit des gens.

Vos Hautes Puiſſances ont ſondé avec toute la prudence poſſible, combien il étoit expédient que cela ſe fît, entant qu'avec circonſpection elles ont publié dans leurs païs des édits, reçus d'un applaudiſſement général, & qu'elles ſe ſont employées avec ſoin à les exécuter, en puniſſant ſévèrement les contrevenans. C'eſt auſſi de la même manière qu'elles ont par leurs ſoins pourvu, vers leurs Miniſtres aux Cours étrangères, au ſujet de la violence ou violation de pareils droits & prérogatives. En agiſſant de cette façon elles ont fait voir d'un côté ouvertement leur équité & le loüable ſoin avec lequel elles vouloient pourvoir aux droits des Miniſtres étrangers à leurs Cours. Elles ont d'un autre côté eu ſoin qu'on rendît à leurs Miniſtres tout ce qui leur appartenoit, ne permettant

 point

point qu'on leur supprimât le moindre droit, & qu'on leur causât le moindre préjudice. En vérité si on n'observoit pas cela avec rigueur, la dignité des Souverains ne deviendroit pas seulement chancelante, & se trouveroit en mépris, mais ils se verroient privés de la commodité de pouvoir négocier avec les Cours étrangères, ce qui est pourtant un article d'où dépend le bien-être des Royaumes & des Sujets.

CELA étant je suis parfaitement persuadé que V. H. P. verront très-bien, que dans le tems même que vous m'avez témoigné toute la faveur & tout l'honneur possible, j'ai cependant grand sujet de me plaindre, tant du mépris que l'on fait du caractère dont je suis revêtu, que des injures que l'on me fit il y a quelque tems, sans les avoir pourtant méritées. V. H. P. le verront suffisamment par le récit que je vais faire en détail de l'affaire dont je me trouve offensé. Nous aurons d'autant moins besoin de témoins, que celui qui m'a offensé, s'en louë comme d'un fait brillant & qui lui fait plaisir. D'ailleurs cela en présence de personnes des deux sexes, tant ment étrangères que du païs, de façon que le coupable ne sauroit nier le fait, & s'il veut insister à le faire, il sera facile de démontrer la vérité. Outre que d'une simple injure il en proviendroit une double, entant qu'on accuseroit effrontément le demandeur d'avoir inventé une pareille plainte. Je souhaiterois sans doute qu'il en fût tout autrement, & que je ne fusse pas obligé de faire des plaintes, dont je me passerois très-volontiers, comme on en pourra facilement juger dès le moment qu'on s'appercevra que je n'ai aucun avantage ni plaisir d'une si desagréable affaire; mais mon emploi & mon caractère ne me permettent pas de supprimer ou de taire l'injure qu'on m'a faite, car je suis absolument obligé d'en rendre raison à mon très-gracieux Souverain. J'ai pourtant différé, autant qu'il m'a été possible, de causer par mes plaintes de l'incommodité à V. H. P. pour que l'aggresseur ait le tems de se reconnoitre, sachant qu'aïant reconnu sa faute, il ne manqueroit pas de chercher à me donner satisfaction. Mais cela n'aïant en aucune façon eu lieu, on auroit blâmé mon retard, desorte qu'enfin je suis obliligé de porter, quoique tout malgré moi, mes plaintes à V. H. P.

C'EST en vain qu'on veut assurer, comme autant que je sais que quelques-uns le font, qu'une Ambassadrice ne peut point s'approprier les droits & la dignité qui compétent à son mari: car je ne vois assurément point sur quelles raisons on peut avancer une pareille fausseté. L'épouse jouït des droits de son mari. C'est là une règle universelle & sans exception, à moins qu'il n'arrive quelquefois que ce ne soit pour la commodité de la Dame, comme on a ailleurs coutume de la pratiquer dans de certains cas. De plus nous disons que ce seroit une chose tout-à-fait absurde, qu'un mari étant revêtu d'un emploi, son épouse pût être censée être dans un autre endroit ou différent de celui de son époux. Nous avons une infinité d'exemples que l'emploi & la dignité d'un Ambassadeur a rejailli sur son épouse, & que cette dernière a joui de tous les droits & prérogatives de son mari; de façon que tout honneur, qu'on faisoit à l'Ambassadrice, étoit comme si on l'avoit fait à l'Ambassadeur-même. Nous avons tant d'exemd'exemples de cette manière d'agir, qu'il ſeroit ſuperflu d'en rapporter aucun.

Au reſte pour ce qui regarde l'injure que l'on m'a faite, elle étoit ſi peu ménagée, qu'on n'en ſauroit entendre parler ſans dédain, je veux dire qu'elle étoit d'une trempe, que, ſuppoſé que je n'en euſſe pas été offenſé, eu égard au caractère éclatant dont je ſuis revêtu, lequel paroit exiger une punition & une peine d'autant plus rigoureuſe, l'auteur d'une pareille inſolence n'en devroit pas demeurer impuni, quand elle ſe ſeroit faite contre tout autre que moi. Ce qui regarde le mépris qu'on a fait de moi dans la perſonne de mon épouſe, j'ai autant droit de m'en plaindre que de l'injure-même, & principalement entant qu'il eſt manifeſte, que cette groſſière liberté d'injurier a été la cauſe & la raiſon que le coupable a apporté pour excuſer le peu de modération de ſes diſcours. Il eſt clair, comme je l'ai fait voir, où & comment les Ambaſſadrices doivent être reſpectées pour l'honneur des Rois & des Princes, de façon qu'il eſt auſſi abſurde qu'inouï, qu'il puiſſe venir dans la tête à des perſonnes privées, de leur refuſer

ſer dans des maiſons particulières l'honneur qui leur eſt dû. Il ſe trouve à la vérité dans la ſociété humaine, différentes occaſions où l'on peut vivre en ami familièrement ſans le moindre préjudice du droit ou de l'honneur, & ſans qu'on y obſerve avec rigueur le droit de précédence. Malgré cela pourtant perſonne n'eſt obligé de céder ſon droit; & il ne s'enſuit pas, que ſi dans quelques occaſions il s'eſt de bon gré relâché, cela doive ſe tourner en coutume; car d'ailleurs tout caractère ſeroit bientôt aſſujetti au mépris, s'il ſe trouvoit des gens qui en voulant diſputer de ce droit, s'imaginent convenir entre eux d'une nouvelle introduction, ce qui n'eſt point permis ici. Ce procédé ne peut avoir d'autre nom que celui d'une mauvaiſe coutume & d'un rit corrompu, & dont ſon auteur n'en tirera des étrangers qu'une loüange très-mince & très-médiocre. Ce n'eſt point non plus ici qu'on peut appliquer le proverbe, qui dit: Qu'il ne faut point apporter avec ſoi une loi de l'étranger, mais qu'il faut ſuivre la coutume qui eſt en vogue dans l'endroit où l'on réſide; car on ne demanmande ici rien de nouveau, mais feulement ce qui a toujours été reçu & qui a lieu par-tout. Mais l'autre ufage, que ceux-ci ont foin de faire paffer fous le nom trompeur de l'honneur, qui eft dû à un Miniftre que fon caractère diftingue, eft tout-à-fait contraire à la prémière coutume, à la parole de Dieu, au droit de l'hofpitalité & des gens, & enfin à toute loi & établiffement humain & civile. L'Ecriture fainte dit: Ne te mets point à la prémière place, de peur que fi un plus grand que toi vient, il ne te faille lui céder. Dieu eft un Dieu d'ordre, & il a voulu qu'il y eût des dégrés, un plus haut que l'autre, de façon que tout fe faffe avec ordre. Chez toutes les nations policées, la circonfpection à honorer les étrangers fourniffoit matière à une obligeante émulation; & c'eft ce qui a en partie établi le droit qu'on appelle d'hofpitalité. Ci-devant on avoit foin de punir très-rigoureufement ceux qui étoient accufés d'avoir violé ce droit. Mais aujourd'hui quoiqu'aucune peine n'y foit plus attachée, il ne leur refte qu'un peu de jugement, de bienféance, & une certaine marque du ferſervice qu'on a rendu. Chacun ſait ce que le droit des gens prouve aux Miniſtres publics, & particulièrement à ceux qui revêtus d'un plein pouvoir de leur Souverain, qui déjà dès un longtems auparavant ont eu le prémier rang dans toutes les Cours, & qui ont été honorés d'une manière qui ſe ſentoit du grand & du précieux de toutes les prérogatives de cette nature. Je ne puis rapporter un exemple plus convenable, tiré de ces ordonnances civiles, que l'édit qui fut publié dans ces Etats l'an 1651. & que j'ai fait copier, pour le préſenter à V. H. P. entant qu'il contient évidemment la ſentence qu'a méritée celui qui a voulu me proſtituër. Je ne ſaurois non plus m'empêcher de dire un mot au ſujet de ceux qui relèvent avec éloge cette liberté d'un Etat libre, qui établit le ſouverain bonheur des habitans, & qui tâchent par-là de conclurre qu'il leur eſt permis de faire ce qu'il leur plait & de s'abſtenir de ce qui ne les accommode pas. Mais qui ſeroit aſſez hardi pour oſer aſſurer que la liberté conſiſte dans une trop grande licence, dans un vague desordre & dans un abus contraire aux bonnes mœurs?

C'eſt

C'est dans tout Etat bien ordonné, tel qu'est cette illustre République, qu'on trouve un bel ordre, & les emplois, ou les dignités distinguées l'une de l'autre par de certains dégrés; car il est impossible qu'un gouvernement puisse autrement se soutenir, & principalement où la vertu veut être recompensée & le crime puni, & où on fait cas des bonnes mœurs & où les mauvaises sont rejettées & où aucune liberté ne consiste dans une mauvaise habitude. De plus un état de cette nature ne sait point excuser les injures & l'effronterie. Or l'effronterie n'a jamais été la force d'une loi & ne peut jamais servir de modèle.

AINSI la grossièreté de l'injure & de l'offense qui m'a été faite, me touchant infiniment, je me repose sur la justice & l'impartialité de V. H. P. espérant que vous aurez un égard digne de l'équité de ma cause & qui convienne à cette étroite amitié, qui lie si étroitement Sa Majesté & Vos Hautes Puissances, & ensuite à la bienveillance & à la faveur que vous m'avez témoignée jusques ici.

A la Haie, 30. *Novembre* 1700.

N. LILIENROTH.

CHA-

CHAPITRE IX.

De quelques autres prérogatives des Ambaſſadrices.

§. I.

JE remarque encore ici, dans un chapitre à part, quelques cas & quelques queſtions particulières, qui regardent les prérogatives dont jouïſſent les Ambaſſadrices préférablement à d'autres Dames, & que je n'aurois pu placer commodément ailleurs.

§. II.

JE ne ſais ſi tous ceux qui titrent les Ambaſſadeurs d'*Excellence*, donnent auſſi ce titre à leurs épouſes, ni dans quelles Cours en particulier les Ambaſſadrices jouïſſent de ce titre. Quant au prémier de ces deux cas, je doute fort qu'il ſe pratique; au moins eſt-il ſûr que c'eſt un pur effet de civilité, s'il arrive qu'une ne perſonne du même rang que l'Ambaſſadeur, titre ſon épouſe d'Excellence. Mais ce que je ſais au reſte bien, c'eſt qu'aux deux dernières Diètes d'élection de l'Empereur, la Maréchale de Belle-Iſle & la Comteſſe de Schönberg, Ambaſſadrices de France & de l'Electeur de Saxe, furent traitées d'Excellences par les épouſes des Cavaliers de la première diſtinction, de même que par celles des Miniſtres & des Conſeillers intimes des Princes du St. Empire.

§. III.

Une Ambaſſadrice jouït de toutes les prérogatives attachées à l'équipage de ſon mari, par exemple, de caroſſe à ſix chevaux, de fiochi, &c.

§. IV.

Je ne ſais pas dans quelles Cours & dans quelles circonſtances on rend aux Ambaſſadrices les honneurs militaires, quand elles viennent à paſſer devant le corps de garde. Mais ce que je ſais bien,

bien, c'est qu'on ne leur rend pas ces honneurs par-tout.

§. V.

Les carosses des Ambassadrices en France avoient déjà au commencement du règne de Henri IV. l'entrée au Louvre (*).

§. VI.

Je ne sache point qu'une Ambassadrice, qui n'est pas revêtuë du caractère représentant, comme autrefois la Maréchale de Guébriant, se serve d'un Dais dans sa chambre d'audience.

§. VII.

Lorsqu'en 1625. la Princesse Henriette de France épousa en Angleterre le Roi Charles, la Dame de Mr. de Chevreuse, Ambassadeur de France, eut l'hon-

(*) Voy. les Mémoires de Mr. de Saintôt, dans le corps diplom. cer. de Mr. du Mont, *Tom. I. pag.* 57.

l'honneur le ſoir du prémier jour du mariage, de préſenter la chemiſe à la Reine & de la conduire au lit (*).

§. VIII.

Les Ambaſſadrices, qui ont envie de voir les curioſités & les cabinets de raretés, qui ſont dans les lieux où elles font leur réſidence, ont à l'égard de la grandeur de leur caractère, la permiſſion de les viſiter devant d'autres perſonnes, qui ne leur ſont inférieures ni en naiſſance ni en dignités, vu qu'elles ont l'entrée dans l'endroit où l'on tient ſerrées les principales raretés, & y ſont même conduites quelquefois par un des principaux de la Cour, afin de les diſtinguer d'autant plus.

Quand la Princeſſe Eſterhaſy, épouſe de l'Ambaſſadeur impérial à la Cour de Sicile, viſitoit en 1751. avec le Prince ſon époux, le grand Arſenal à Veniſe, le Sénat de la République eut la politeſſe d'ordonner à Madame Zeno,

(*) Mémoires du Comte de Brienne, *Tom. I. pag.* 227.

no, épouſe d'un Procureur de S. Marco, & autrefois Ambaſſadeur en France, d'y conduire l'Ambaſſadrice.

§. IX.

DE la même manière qu'un Ambaſſadeur prend le deuil, ſon épouſe doit le porter auſſi, en ſe faiſant faire des habits de deuil qui aient du rapport aux ſiens.

LORSQU'EN 1751. la Veuve de l'Empereur Charles VI. Belle-Mère de Sa Majeſté Impériale, aujourd'hui régnante, vint à mourir, les Ambaſſadeurs de Sa Majeſté l'Impératrice-Reine à la Diète de Ratisbonne, avec les autres Ambaſſadeurs des Cours alliées de la Cour Impériale, prirent le grand deuil auſſi bien que leurs épouſes; mais les autres ne prirent que le demi, ou le petit deuil (*).

(*) Voy. le Droit politique de mon père, *Tit.* 44. *pag.* 127.

CHA-

CHAPITRE X.

Du respect & de l'inviolabilité de la personne de l'Ambassadrice.

§. I.

L'INVIOLABILITE' de la personne d'une Ambassadrice & la vénération qu'on lui doit, est une de ses plus brillantes & de ses plus réelles prérogatives.

CE principe est présentement si bien établi entre les Souverains de l'Europe, qu'ils y provoquent aussi bien que leurs Ambassadeurs, comme sur un point du droit des gens.

MAIS nous ne pouvons compter que depuis le Congrès de Westphalie, les François n'aïant commencé qu'alors à appliquer aux Ambassadrices cette règle du droit: que *la femme resplendit de la dignité de son mari*, comme on le peut voir dans un passage du journal de l'Ambassadeur Impérial, qui est contenu dans le prémier chapitre. On ne trouve aucun exemple plus ancien, où cette question auroit été à décider, vu que le Duc de Savoie ne regarda le cas, qui arriva à l'Ambaſſadrice d'Eſpagne & que nous allons d'abord voir, que comme une impoliteſſe cauſée à une Dame étrangère, & non une violation du droit des gens.

§. II.

CE droit paroit en différentes manières. Prémièrement & ſur-tout pour ce qui regarde ſa perſonne, elle eſt reputée ſi ſacrée & ſi inviolable, que la violation qu'on pourroit commettre contre elle, ſeroit regardée comme un crime analogue à celui de lèze majeſté.

PENDANT la bruyante affaire que le Marquis de Créqui, Ambaſſadeur de France à Rome ſous Alexandre VII. eut avec les Corſes, & que les François nomment encore la diablerie des Corſes, l'Ambaſſadrice qui s'en retournoit de l'égliſe en ſon caroſſe, y fut attaquée par quelques Corſes, qui tirèrent pluſieurs coups ſur le caroſſe & tuèrent un page qui étoit ſur la portière, deſorte qu'elle ſe vit obligée pour ſauver ſa vie, de ſe re-

retirer chez le Cardinal d'Esté, Protecteur de la nation françoise. Tout le monde sait l'éclatante satisfaction que le Pape fut obligé de donner à cause de cette mauvaise affaire; mais comme l'Ambassadrice n'y a été impliquée que par hasard, je n'en dirai pas davantage (*).

Mais on a disputé bien plus au long cette question, lorsqu'en 1734. Madame la Comtesse de Plettenberg, épouse du Ministre plénipotentiaire impérial aux Cercles du bas Rhin & de Westphalie, qui avoit été prémier Ministre de l'Electeur de Cologne auparavant, fut attaquée dans son château Nordkirch par des troupes de l'Electeur de Cologne.

Je vais rapporter les paroles de l'ordre même que l'Empereur Charles envoya à Mr. de Palm, Ambassadeur Autrichien à la Diète de Ratisbonne, en date du 22. Décembre 1734. les voici: „ Le Comte Ferdinand de Plettenberg, „ notre Conseiller intime & Envoyé ex„ traordinaire aux Cercles du bas Rhin „ & de Westphalie, nous a représenté en „ se plaignant de ce que l'Electeur de „ Co-

(*) Etat du Siége de Rome, *Tom. I. p.* 93.

„ Cologne lui avoit pris par force & sans
„ aucune raiſon, la maiſon qu'il avoit à
„ Bonn, & en avoit chaſſé les gens qui y
„ habitoient pour y en mettre d'autres,
„ & que nonobſtant ſa très-humble re-
„ préſentation, on avoit pouſſé la choſe
„ ſi loin, que le 25. du mois de No-
„ vembre paſſé trois compagnies d'in-
„ fanterie & une de cavallerie, ſous le
„ commandement du Lieutenant-Colo-
„ nel d'Ambothen, avoient inveſti la ter-
„ re de Nordkirchen appartenante au
„ dit Comte, forcé le château, & même
„ déclaré que par ordre du Général de
„ Münſter de Horſch ils vivroient à diſ-
„ crétion.

„ QUOIQUE ces procedures ne puſ-
„ ſent abſolument point être excuſées,
„ on n'en demeura cependant pas là;
„ car comme la Comteſſe de Pletten-
„ berg, qui ſe trouvoit au château, ap-
„ perçut de là ces violences, elle voulut
„ ſe retirer avec ſon fils & quelques au-
„ tres perſonnes, entre leſquelles ſe
„ trouvoit le nommé de Droſt, Cha-
„ noine de Munſter; le Lieutenant-
„ Colonel d'Ambothen ne le voulut pas
„ permettre, ni même laiſſer ſortir qui

„ que

„ que ce fût du château, ou y entrer,
„ ſans avoir auparavant viſité les poches.
„ Les Officiers & les ſoldats commirent
„ outre cela pluſieurs autres excès, &
„ même s'émancipèrent de fouler aux
„ piés le caractère d'Ambaſſadeur & l'é-
„ gard dû à ce rang, toujours ſacré non
„ ſeulement chez les nations polies,
„ mais même parmi les Barbares; ils
„ osèrent donc d'une manière auſſi cou-
„ pable qu'inouïe dans l'Empire, pouſ-
„ ſer des menaces contre la perſonne de
„ notre Envoyé, Repréſentant de ſon
„ Chef ſouverain.

„ Il eſt vrai qu'après avoir reçu les
„ nouvelles de tout cela, le Réſident de
„ Cologne, Heuniſch, communiqua à
„ nos Miniſtres une lettre datée de Stef-
„ fané du 3. Décembre; mais quoique
„ nous ne ſouhaitaſſions rien tant cor-
„ dialement, ſinon qu'un Vaſſal de
„ l'Empire, lequel nous avons comblé
„ de nos bienfaits, n'eût pas ſi groſſière-
„ ment offenſé ſon Juge ſouverain, ſon
„ Seigneur féodal, ſon Empereur; néan-
„ moins les avis reçus de pluſieurs
„ mains, & l'Apologie publiée par le
„ Comte de Plettenberg dans notre

 „ Cour

„ Cour & ailleurs, ne nous ont laissé
„ douter, que l'arrêt de l'épouse du
„ Comte & les autres extrémités pres-
„ que incroyables se trouvoient verita-
„ bles. Enfin le Lieutenant-Colonel
„ d'Ambothen s'est encore enhardi de
„ justifier cet injuste procedé en présen-
„ tant à la Comtesse de Plettenberg un
„ ordre signé de la propre main de l'E-
„ lecteur, mais sans être contresigné de
„ personne.

„ IL est facile à comprendre, com-
„ bien il faut qu'une avanture de cette
„ qualité nous ait touché, à cause qu'à
„ notre avis le sacré caractère de notre
„ Envoyé devoit suffire pour protéger
„ son épouse & son fils, & que des na-
„ tions barbares n'auroient pas violé si
„ grossièrement le droit des gens, quand
„ même on en feroit venu jusqu'aux ho-
„ stilités. Mais ce qu'une Puissance qui
„ ne dépendroit pas de l'Empire, ne
„ pourroit absolument point excuser, il
„ faut donc qu'une telle affaire nous dé-
„ plaise d'autant plus qu'elle a été com-
„ mise par un Electeur de l'Empire con-
„ tre notre Ministre impérial & accrédi-
„ té. De telles procedures ne sont pas

„ seu-

„ ſeulement contraires au droit des gens, „ mais elles violent encore les loix & les „ ordonnances de l'Empire, & déchirent „ les liens qui doivent être inviolables „ entre le corps & ſes membres. En un „ mot, tout ce qui eſt ſacré & regardé „ comme tel dans la ſociété humaine, eſt „ par là bleſſé, renverſé & foulé aux „ piés.

„ Ce qui regarde maintenant l'arrêt „ de la Comteſſe & de ſon fils, perſonne „ ne doutera que la ſureté inviolable, „ qui eſt attachée au caractère du Comte „ de Plettenberg, n'appartienne auſſi „ aux perſonnes qui le touchent de ſi „ près, & que par ainſi nous n'aïons été „ en droit de faire connoitre à l'Ele-„ cteur, ſans délai, notre juſte reſſentiment „ ſuivant l'énormité de cette conduite „ outrageante. Mais nous n'avons pas „ encore, comme nous l'avons déjà dit, „ pouſſé la choſe ſi loin, & nous nous „ ſommes contentés, 1. d'envoyer à „ l'Electeur les Décrets émanés de notre „ Conſeil aulique de l'Empire. 2. Nous „ avons auſſi prié les Cours de Bavière „ & du Palatinat, qui ſont en alliance „ avec la Cour de Cologne, de la ma-

 „ niè-

„ nière la plus touchante & la plus charitable, de vouloir bien conſidérer les circonſtances de cette affaire, telles qu'elles ſont, & de porter auſſi l'Electeur de Cologne de rentrer en ſoi-même, de réparer ſans perdre de tems, ce qui s'étoit paſſé, nous donner une ſatisfaction convenable, & ſe garder à l'avenir de tels dangereux Conſeillers. 3. Nous avons auſſi donné part de cette avanture aux autres Electeurs par des lettres écrites de notre propre main, les priant en même tems, que comme notre ſouveraineté & celle de l'Empire étoit attaquée, & qu'un Vaſſal de l'Empire avoit autant commis dans le cas préſent contre ſon Chef ſouverain, qu'une Puiſſance étrangère ait jamais oſé entreprendre, ils vouluſſent nous aſſiſter & de leurs conſeils & de leurs ſecours, ſi en tout cas nos dites ordonnances & repréſentations devoient être inutiles. Nous n'avons pu également nous empêcher en quatrième lieu de donner connoiſſance à nos Miniſtres & à nos Réſidens aux Cours étrangères & aux Miniſtres des dites Cours qui réſident à la nôtre, de ce cas

„ inouïs

„ inouïs & surprenant, parce que de la „ part de l'Electeur de Cologne cela a été „ fait contre la foi & les devoirs à nous ju„ rés, contre les ordonnances & les enga„ gemens des Constitutions de l'Empire, „ & même contre le droit commun des „ gens. Ainsi nous n'avons pas pu moins „ faire, que de défendre à de Heunisch, „ Résident de l'Electeur de Cologne, „ l'accès à notre Cour & à notre ministè„ re en telle qualité. Et comme nous ne „ voulons, ni ne pouvons douter, qu'en „ cas que l'Electeur de Cologne voulût „ contre notre attente, tarder plus long„ tems à nous donner la satisfaction „ qu'il nous doit, que l'Empire entier „ prendra part, comme il le doit, à l'in„ jure qui nous a été faite; c'est à cet„ te vuë que nous avons retardé de lui „ communiquer cette affaire par un for„ mel Commissorial. Cependant vous „ informerez exactement tous les Dépu„ tés, qui sont actuellement présens à la „ Diète, de tout ce que nous venons d'al„ léguer, & les prierez en même tems „ d'en donner avis à leurs Cours respe„ ctives & de demander en tout cas des „ instructions touchant cette affaire."

 On

ON voit en même tems par là que, du côté de Sa Majesté Impériale, cette thèse a été regardée comme décidée; qu'une Ambassadrice doit être considérée comme inviolable, aussi longtems que son époux est revêtu de ce caractère, quand même elle ne se trouve pas auprès de lui dans son lieu destiné, mais dans un lieu tiers hors des Etats du Principal.

§. III.

LES droits de l'inviolabilité s'étendent encore jusqu'à la défense des injures actuelles & des simples paroles; ce qui a d'autant plus lieu à l'égard d'une épouse d'un Ambassadeur, que les moindres fautes commises contre le plus petit de ses domestiques, sont regardées comme des crimes contre le droit des gens & dont on demande satisfaction.

IL arriva en 1702. à la Haie un pareil cas, qui fit beaucoup de bruit. Voici le récit de Mr. de LAMBERTY (*) touchant le commencement de cette affaire: „ Un jeune Avocat, fort sage, „ nom-

(*) Dans ses Mémoires, *Tom. II. p.* 159.

„ nommé Roſeboom, étant peut-être
„ ſurpris de vin, paſſant à onze heures
„ de la nuit devant la maiſon du Mini-
„ ſtre de Suède, entendit ſiffler. Com-
„ me il ne vit perſonne que Madame de
„ Lilienroth (épouſe de l'Ambaſſadeur)
„ à la fenêtre, il lui offrit ſes ſervices.
„ Cela lui attira une réponſe desobli-
„ geante qui le pouſſa à en dire à ſon tour.
„ Sur cela cette Dame fit ſortir quelques
„ valets de pié pour le maltraiter. Ceux-
„ ci avoient à la tête un Neveu de l'Am-
„ baſſadeur, qui bleſſa l'Avocat au poi-
„ gnet. Il l'auroit peut-être pouſſé plus
„ loin, ſi la patrouille n'eut dégagé l'A-
„ vocat. Le Miniſtre Suédois en fit une
„ affaire épineuſe; il fit dire que ſi les
„ Parens de l'Avocat ne lui venoient fai-
„ re des excuſes bien ſoumiſes dans deux
„ jours, il préſenteroit aux Etats-Géné-
„ raux un Mémoire, pour demander ſa-
„ tisfaction, & ſe retireroit hors de l'E-
„ tat juſques à ce qu'on lui en eût don-
„ né une dans toute ſon étenduë. Com-
„ me on ne les lui vint point faire, il
„ préſenta le Mémoire le 3. d'Août. Il
„ écrivit même ce jour-là en France &
„ aux Païs-Bas Eſpagnols, pour avoir

 „ des

„ des Passeports pour aller à Aix-la-
„ Chapelle. Aussi les reçut-il, il partit
„ le 23. Comme l'on se méfioit de la
„ droiture de cet Ambassadeur, on ré-
„ fléchit que ses incommodités & celles
„ de son épouse, pour lesquelles on al-
„ loit aux eaux, pourroient devenir à
„ la mode parmi d'autres Ministres, sur-
„ tout parmi les ennemis; ainsi que cet-
„ te ville-là pourroit devenir un lieu de
„ conférences pacifiques. Cependant le
„ lendemain du départ de Lilienroth, le
„ Sécrétaire d'Ambassade de Suède, Hil-
„ debrandt, & celui de Holstein tachè-
„ rent d'insinuër que l'Ambassadeur ne
„ reviendroit pas à moins qu'on ne
„ donnât la satisfaction demandée par
„ rapport à l'affaire de Roseboom. Ce
„ même jour un Clerc de la Cour de ju-
„ stice de Hollande alla trouver, par or-
„ dre, le Sécrétaire Hildebrandt. Il lui
„ dit que l'Ambassadeur Lilienroth
„ aïant présenté aux Etats-Généraux un
„ Mémoire touchant cette affaire, ceux-
„ ci l'avoient renvoyé selon la coutume
„ aux Etats de la Province de Hollande
„ & de West-Frise, pour en prendre
„ connoissance. Ceux-ci avoient écrit
„ une

„ une lettre à la Cour de juſtice pour la „ charger de s'informer du Fait, & de „ châtier Roſeboom, s'il étoit convain- „ cu d'avoir contrevenu au Placard qui „ défend de perdre le reſpect aux Mini- „ ſtres publics. Sur cela la Cour de Ju- „ ſtice, ajouta le Clerc, l'avoit chargé „ de le venir trouver, pour le prier de lui „ donner une information & acte du „ Fait. La Cour de Juſtice avoit trou- „ vé à propos de faire faire cette deman- „ de, parce que Roſeboom avoit des „ certificats, non ſeulement de l'Officier „ & de la Patrouille, qui l'arrêta, mais „ auſſi d'autres témoins, qui étoient pré- „ ſens & qui étoient directement con- „ traires à pluſieurs choſes que l'Am- „ baſſadeur de Suède avoit avancées „ dans ſa relation. Hildebrandt répon- „ dit au Clerc, qu'ils n'avoient rien à „ faire avec la Cour de Hollande, dont „ ils ne reconnoiſſoient point la juriſdi- „ ction, & qu'ils n'avoient à faire qu'aux „ Etats-Généraux, auprès deſquels le „ Roi de Suède leur Maître les avoit en- „ voyés. L'on fut un peu ſurpris de „ cette réponſe; car la Cour n'avoit pas „ envoyé vers ce Sécrétaire ſon Clerc,

„ pour

„ pour exercer aucune jurisdiction, mais
„ seulement pour pouvoir, après une duë
„ information, proceder à donner satis-
„ faction par un châtiment, s'il se fût
„ trouvé que l'Avocat l'eût mérité. Aussi
„ cette réponse augmenta-t-elle le soup-
„ çon, qu'on avoit, que les Suédois ne
„ tâchoient que de brouiller les cartes.
„ Car l'on disoit que, tant l'Ambassadeur
„ que le Sécrétaire, habiles comme ils
„ étoient, aïant séjourné assez de tems
„ en Hollande, devoient savoir qu'on
„ ne pouvoit proceder autrement dans
„ le cas en question. Ils devoient sa-
„ voir que les Etats-Généraux, quoi-
„ qu'ils tiennent leur assemblée à la
„ Haie, par certaine tolerance & par la
„ convenance du lieu, n'ont aucun pou-
„ voir d'y exercer aucune jurisdiction en
„ pareils cas ; mais qu'ils s'addressent
„ pour cela aux Etats de Hollande, qui
„ seuls ont le droit de jurisdiction, com-
„ me Souverains de la Province. Ainsi
„ l'on ne procedoit en cette occasion,
„ que suivant les formes indisputables, &
„ suivant la constitution du Gouverne-
„ ment."

§. IV.

§. IV.

QUAND il arrive même entre les Ambassadeurs & leurs suites quelques querelles, où la vénération qu'on doit à la personne d'une Ambassadrice n'est pas bien ménagée, son mari est en droit d'en demander une réparation & une satisfaction suffisante.

IL se passa au Congrès de Nimègue un démélé de cette espèce, dont le détail n'appartient ici que par cet endroit. Il y avoit le 29. Juillet 1678. une grande assemblée chez Mr. d'Odyck, Ambassadeur des Provinces-Unies. Pendant la table, les domestiques des Ambassadeurs d'Espagne prirent querelle avec les laquais des Ambassadeurs de France; l'Assemblée fut rompuë, les Espagnols se retirèrent tous, & les domestiques françois coururent aux carosses, d'où aïant porté quelques coups, ceux-ci y répondirent de même. Les Ambassadeurs de France aïant entendu les prémiers coups, y coururent avec précipitation, & aïant joint cette troupe de valets, qui alloient donner sur les carosses, les arrêtèrent avec beaucoup de peine. Ils arrivèrent en vérité très à propos, car il y avoit dans les ca-

caroſſes pluſieurs Dames de qualité, parmi leſquelles la Ducheſſe de S. Pierre qui étoit prête d'accoucher; ils firent enſorte, en menaçant leurs gens, que le desordre n'alla pas plus loin.

LES Médiateurs & particulièrement le Nonce s'entremirent pour accommoder ce différent entre les Ambaſſadeurs. Mais comme les Dames Eſpagnoles avoient été extrêmement inquiétées d'un accident auquel elles ne s'étoient pas aſſurément attenduës, les Ambaſſadeurs de France leur en firent faire un compliment à chacune en particulier. Le Gentilhomme qu'ils envoyèrent pour ce ſujet, parla à l'Ambaſſadrice, la Marquiſe de los Balbaſes, en préſence de Mr. ſon mari, & lui dit en Italien: „ Que les Am„ baſſadeurs ſes maîtres étoient fâchés „ que l'accident, qui étoit inopinément „ arrivé, lui eût pu donner quelque in„ quiétude; mais qu'ils ne doutoient pas „ qu'elle ne fût bien perſuadée, que „ comme ils avoient toujours contribué „ à maintenir la bonne correſpondance, „ ils ne condamnaſſent auſſi tout ce qui „ pouvoit la troubler, & tout ce qui „ étoit contraire au reſpect qu'ils fai-

„ ſoient

„ foient profession d'avoir pour les per„ sonnes de sa qualité." Ce Gentilhomme fit à-peu-près le même compliment à la Duchesse de saint Pierre & à la Marquise de Quintana ; & quelques jours après les assemblées de divertissement, qu'on avoit cru entièrement rompuës, recommencèrent comme auparavant (*).

§. V.

Ce seroit sans doute un cas bien rare qu'une Ambassadrice eût des dettes pour sa propre personne & qu'elle eût des affaires pour cela. Mais si le cas arrivoit, & qu'elle fît sécrettement des dettes à l'insçu de son mari, il faudroit naturellement avoir recours à lui. Mais s'il ne reconnoissoit pas les dettes pour liquides ou païables, ou qu'il ne se trouvât pas avec son épouse dans le même lieu, elle jouïroit néanmoins en tel cas des prérogatives du droit des gens, & on ne sauroit l'accuser devant le Juge souverain à la Cour

(*) Voy. Disdier, l. c. *pag.* 153. 158. & *suiv.*

Cour duquel elle se trouve, & encore moins exécuter une sentence prononcée contre elle, pour saisie de sa personne & de ses effets.

CHARLES EMANUEL, Duc de Savoie (*), brouillé avec la Cour d'Espagne, souffrit que la femme de l'Ambassadeur Espagnol fût arrétée à Turin pour dettes. Néanmoins pour couvrir le peu de respect qu'il avoit pour le Roi, il s'excusa fort de cette action choquante, disant: qu'elle avoit été faite en son absence à Vercelli, & que s'il l'eût sû, qu'il auroit mieux aimé païer pour elle de sa propre bourse, que de souffrir que l'on eût fait un affront à la femme de l'Ambassadeur. Il ajouta, que le juge n'avoit saisi que quelques meubles, après l'avoir exhortée souvent de donner satisfaction à ses créanciers.

MAIS il est question de savoir, sous quelle jurisdiction une Ambassadrice est?

GROTIUS (†) en parle en général, sa-

(*) WICQUEFORT, *Tom. II. p. m.* 437. LUDOLFFS Schau-buhne, *Tom. I. p.* 512.

(†) Du droit de la paix & de la guerre, *Liv. II. ch. XVIII.* §. 18. *n.* 2.

savoir, si l'Ambassadeur a lui-même jurisdiction sur sa propre famille, & s'il a le droit d'asile dans sa maison, pour tous ceux qui y accourent, ce qui dépend de la permission de celui où il réside, car ce dernier point n'est pas décidé par le droit des gens.

Ce grand homme a laissé cette question sans réponse: elle en mérite pourtant une, & peut être aussi bien décidée, quand on la juge suivant l'analogie du droit des gens, & il me semble qu'elle nous fournit les points suivans:

1. Pour ce qui regarde la vie & la conduite privée d'une Ambassadrice, elle est prémièrement sous la puissance de son mari, qui peut se servir suivant les cas & les circonstances, des moyens d'une correction domestique, qui conviennent à un mari suivant les droits divins & humains.

2. Il est obligé de défendre le prémier dans toutes les occasions, pour tout ce qui regarde sa personne, sa sureté & son respect.

3. Il dépend du jugement d'un Ambassadeur, s'il veut commencer, traiter & finir les injures de son épouse, comme une affaire privée; & s'il croit qu'on ne lui ait

ait pas fait affront, tant en qualité de mari, qu'en celle d'Ambaſſadeur, & ainſi directement à celle de ſon Souverain.

4. En ce cas, il envoie l'affaire à ſa Cour, ſe comporte en indifferent, & ſuit les ordres que ſon Maître lui envoie, car c'eſt lui qui décide, s'il veut y prendre part, ou s'il la doit regarder comme une affaire qui concerne l'Ambaſſadeur en particulier.

5. Quand l'Ambaſſadeur a reçu ſatisfaction ſuivant le prémier de ces cas, il ne lui eſt plus permis, ni à l'Ambaſſadeur, ni à ſon épouſe, d'en demander une particulière.

6. Dans tous les cas où un Ambaſſadeur ſe fruſtre de ſon inviolabilité, l'Ambaſſadrice en eſt déchuë, comme par exemple, quand elle eſt complice d'une conſpiration, ou qu'elle auroit commis un grand crime d'Etat. Alors elle eſt ſous la jurisdicton de la Cour à laquelle elle ſe trouve, expoſée à la même rigueur avec laquelle on traite un Ambaſſadeur en tel cas.

7. Quand on ordonne à un Ambaſſadeur d'abandonner dans l'eſpace d'un certain tems, ſa réſidence & le païs pour quel-

quelque crime d'Etat, cela ne regarde pas son épouse innocente, & il lui est permis ensuite de rester jusqu'à ce que bon lui semble de partir, à moins qu'il ne lui fût expressément ordonné de suivre son mari.

8. POUR ce qui regarde les grands crimes, comme par exemple, contre les devoirs du mariage; alors elle est sous la jurisdiction du Souverain de son mari, comme sous son Juge compétent.

CHAPITRE XI.

Des droits & des devoirs de l'Ambassadrice touchant la religion & son exercice.

§. I.

LES devoirs d'une Ambassadrice regardent aussi la religion & ses exercices. Par rapport à la religion, la personne de l'Ambassadrice est également inviolable que celle de son mari. Mais il faut avouër, qu'une Ambassadrice, en fait de re-

religion, ne jouït pas par-tout des mêmes prérogatives dont jouït l'Ambaſſadeur; différence très-remarquable, & qui s'éclaircira encore davantage dans les paragraphes ſuivans.

§. II.

QUAND l'Ambaſſadeur eſt de la religion du païs où il réſide, il ne ſe trouve aucuns droits particuliers, touchant la religion & ſes exercices, qui diſtinguent une Ambaſſadrice des perſonnes de la même nobleſſe & du même rang qu'elle: nonobſtant cela elle participe dans le cérémonial de la religion, aux prérogatives particulières qu'on y donne à ſon époux; & elle ſe diſtingue toujours de manière ou d'autre dans les ſolemnités de l'égliſe.

§. III.

QUAND la nation du Souverain qui envoie l'Ambaſſadeur, a ſon égliſe dans le lieu de ſa réſidence, comme par exemple à Rome, où il y a quantité de pareilles égliſes nationales, l'Ambaſſadrice ce & son époux y ont aussi dans un endroit élevé, une place particulière & un prie-Dieu, distingués des autres au moyen de quelques tapisseries, pour y faire leurs dévotions.

Parce que cette distinction est restreinte aux églises nationales, en 1701. le Pape Clement XI. parla au Comte de Lamberg, Ambassadeur de l'Empereur, sur l'usage introduit par la Comtesse sa femme, de faire mettre un prie-Dieu avec un tapis dans toutes les églises où elle alloit, & le pria de lui dire de sa part, que cette nouveauté tireroit à conséquence pour toutes les autres Ambassadrices Royales; & qu'ainsi elle devoit se contenter de paroitre en cérémonie dans l'église nationale des Allemans (*).

Vraisemblablement la Comtesse ne trouva pas à propos de s'accommoder à la volonté du Pape; par conséquent Clement XI. fit publier le 18. Octobre 1707. un Décret de la Congrégation des rites, par lequel il est défendu à toutes les Ambassadrices de fai-

(*) Voy. Mémoir. d'Amelot, *Tom. I. pag.* 95.

faire mettre un tapis pour elles dans les églises, sous peine de l'interdiction de l'église & d'excommunication pour les Prêtres qui le permettront (*).

§. IV.

COMME dans les lieux sacrés aussi bien qu'à la Cour, le rang fournit souvent matière de contestation, il y a des exemples, que les Ambassadrices y ont été impliquées.

LE Pape Clement XI. ordonna en l'an 1705. par un Décret, publié au nom de la Congrégation des cérémonies, qu'aucune Dame, de quelque qualité ou rang qu'elle fût, à l'exception des personnes Royales, n'entreprît de prendre place dans les églises de Rome, sur les chaises, tapis ou coussins, destinés pour les prières des Cardinaux.

L'AMBASSADRICE d'Espagne, la Duchesse d'Uceda, donna la prémière occasion à cette ordonnance. Au mois de

(*) Voy. les Mémoires de Mr. de SAINTÔT dans le corps cérém. diplom. de Mr. du MONT, *Tom. I. p.* 59.

de Septembre elle visita l'église de la nation espagnole de S. Jaques, & se mit sur le coussin préparé pour les Cardinaux. Le Cardinal Imperiali, présent, mais craignant de se brouiller avec la Dame, se retira au chœur, se fit apporter son coussin par un valet, & se plaignit après au Pontife, qui décida l'affaire en faveur des Cardinaux (*).

§. V.

DANS les grandes solemnités & festins de l'église, ou du moins dans les cérémonies qui se pratiquent dans un temple, on a l'attention pour les Ambassadrices, de leur préparer un échafaut, couvert d'un tapis, tant par distinction que pour mieux voir toutes les cérémonies.

LE Pape Clement XI. chantant en 1717. le 3. Juillet à l'église de S. Pierre au Vatican, une messe solemnelle, & prononçant une homélie, on avoit fait faire un banc séparé pour la Comtesse de Gallas, épouse de l'Ambassadeur im-

(*) Vie de Clement XI. *Tom. I. pag.* 81.

impérial, pour aſſiſter à cette ſainte cérémonie.

L'AN 1742. (*) le Maréchal de l'Ambaſſade de l'Electeur de Bavière préſenta immédiatement avant le couronnement de l'Empereur Charles VII. au Collége Electoral pluſieurs queſtions, où il demandoit entre autres dans la quatorzième où il falloit placer la Maréchale de Belle-Iſle, en ſuite de ce qu'elle avoit demandé? Il fut déclaré, que la galerie étoit le lieu deſtiné pour les Ambaſſadrices, mais que leurs ſuites s'en devoient abſenter. On eut enſuite ſoin de faire viſiter la dite galerie, & en tout cas de la mettre en état de pouvoir ſupporter le monde qui y devoit monter.

LORSQU'A' Naples en 1751. on fit l'expoſition du ſang de St. Janvier, l'épouſe du Prince Eſterhaſi, Ambaſſadeur impérial, fut auſſi invité à cette cérémonie. L'Ambaſſadrice s'y rendit & ſe plaça tout près de la Phiole, alors le

(*) Additions au droit d'Etat de mon Père, *Tom. II. pag.* 263. & 267.

le ſang commença à s'élever dans l'eſpace de cinq minutes (*).

§. VI.

QUAND les Ambaſſadrices ſe trouvent dans les proceſſions ſolemnelles uſitées de l'égliſe romaine, elles y ſoutiennent le rang qui leur eſt dû par l'éminence du caractère de leurs époux.

LE 12. Juin 1722. le Miniſtre plénipotentiaire de France, Comte de Morville, arriva au Congrès de Cambrai, & le même jour étant la fête Dieu, lui & ſon épouſe, en compagnie des autres Ambaſſadeurs, aſſiſtèrent à la cérémonie d'une proceſſion ſolemnelle.

§. VII.

UNE Ambaſſadrice jouït à l'égard d'une religion étrangère, des mêmes droits & des mêmes prérogatives, que l'Ambaſſadeur ſon époux.

DE-

(*) Voy. Mercure hiſtorique du mois de Juin 1751. *pag.* 614.

DESORTE qu'elle eſt diſpenſée des honneurs & des hommages qu'une autre égliſe rend aux reliques, aux ſaints; & ſi on l'y vouloit forcer, on regarderoit cela comme une infraction du droit des gens.

UN pareil cas arriva au mois de Septembre de l'année 1730. à l'épouſe de Mr. de Brand, Envoyé de Sa Majeſté le Roi de Pruſſe à la Cour impériale de Vienne; en voici l'hiſtoire: Madame de Brand, accompagnée de Mademoiſelle ſa fille, retournant de Bade au logis, rencontra dans le faux-bourg une proceſſion, où on portoit le Vénérable; elle commanda à l'inſtant à ſes gens d'ôter leurs chapeaux. Mais le Vicaire de l'égliſe de St. Florian de ce fauxbourg, qui accompagnoit la proceſſion, dit d'abord à Madame l'Ambaſſadrice de deſcendre de caroſſe. Et comme elle s'en excuſa diſant, qu'elle étoit l'Ambaſſadrice de Sa Majeſté le Roi de Pruſſe & d'une autre religion, il lui répondit, que quand même l'Empereur ſeroit préſent, il ſeroit obligé de deſcendre. A quoi elle répartit, je le crois bien, mais je ne ſuis pas catho-

li-

lique, mais l'Ambaſſadrice du Roi de Pruſſe. Nonobſtant cela il commanda à deux hommes de la tirer du caroſſe, & Mademoiſelle ſa fille fut la prémière qui en fut actuellement tirée par force; mais comme le Vénérable étoit dejà paſſé devant le caroſſe, Madame l'Ambaſſadrice y fut laiſſée jusqu'à nouvel ordre de la part du Vicaire. Sur cela Mr. l'Ambaſſadeur alla tout de ſuite trouver Mr. le Grand-Chancelier de la Cour, & lui fit part de ces violences, qui étoient contre le droit inviolable des gens & des Ambasſadeurs. Mr. le Chancelier ne manqua pas d'en faire le rapport à Sa Majeſté, qui envoya d'abord Mr. le Référendaire de Managera auprès de Mr. l'Ambaſſadeur, pour lui demander quelle ſatisfaction il vouloit. Surquoi Mr. l'Ambaſſadeur s'expliqua, en diſant; qu'il n'étoit pas en état de la demander de ſon propre mouvement, qu'il falloit qu'il rendît compte de tout ce procedé à Sa Majeſté, & qu'il en attendît les ordres. Ainſi la choſe fut renvoyée à Berlin par Mr. l'Ambaſſadeur, & Meſſieurs les Miniſtres de Sa Majeſté Impériale en donnèrent auſſi avis à Mr. de Seckendorff, Ambaſſadeur de Sa Majeſté Impériale à la Cour de Berlin. On mit en attendant les deux hommes, qui avoient commis l'attentat, aux fers, mais l'Eccléſiaſtique étoit ſous la juriſdiction de l'Archevêque.

PLUSIEURS Eccléſiaſtiques raiſonnables ſe donnèrent beaucoup de peine pour réprimer la fureur du peuple, que leur imprudent collègue avoit excité, & d'en empêcher des excès plus funeſtes: les Ambaſſadeurs de Suède & de Danemarck prirent auſſi le parti du Miniſtre de Berlin.

APRE's donc que la prétenſion de la Cour de Berlin fut arrivée à Vienne, à cauſe de l'outrage qu'on avoit fait à Madame l'Ambaſſadrice, on mena les deux hommes, qui avoient été obligés de faire l'inſulte, & qui avoient été pendant quelques jours en arrêt & nourris au pain & à l'eau, au quartier de Mr. l'Ambaſſadeur: le Juge du fauxbourg s'excuſa en des termes & des paroles très-touchantes diſant; que l'affront avoit été commis par ignorance, & qu'on n'avoit pas connu Madame l'Ambaſſa-

dri-

drice. Mr. l'Ambaſſadeur répartit, que Sa Majeſté le Roi de Pruſſe en avoit témoigné beaucoup de reſſentiment, mais que pour entretenir une bonne intelligence avec la Cour impériale, il vouloit paſſer cette fois ſur cette inſulte ſans demander d'autre ſatisfaction que celle-ci, qu'on lui demanderoit pardon à genoux. Ce qui aïant été fait en préſence de deux Commiſſaires de la Régence de la baſſe Autriche, l'on dreſſa enſuite un mémoire de toute cette affaire.

§. VIII.

QUAND l'Ambaſſadrice eſt de la même religion que ſon époux, elle jouït des mêmes prérogatives par rapport au culte privé, que l'Ambaſſadeur, ſurtout quand il réſide dans un lieu où la religion du païs eſt différente de la ſienne.

ON trouve une preuve très-forte & très-convaincante de ce que nous venons d'avancer, & qui outre cela eſt ſoutenuë par les coutumes des Cours, dans ce qui arriva en 1746. à la Cour de Londres touchant l'exercice de la religion des Ambaſſadeurs de l'égliſe romaine.

ILS allèguent dans le mémoire qu'ils préſentèrent au Sécrétaire d'Etat touchant cette affaire; que les immunités & les prérogatives qui conviennent aux Miniſtres de toutes les Cours, ne regardent pas ſeulement leurs perſonnes en particulier, mais qu'elles s'étendent auſſi ſur tous leurs domeſtiques, ſans différence de nombre & de qualité & encore moins de nation. — — l'exécution de la proclamation tendroit, diſent-ils, à nous ôter, ou du moins à nous empêcher l'exercice privé de la religion qui nous eſt accordé dans nos maiſons, & qu'on permet dans tous les païs & aux familles de repréſentans des Princes.

MESSIEURS les Sécrétaires d'Etat répondirent à cela; que Meſſieurs les Miniſtres catholiques pouvoient ſe fier ſur la protection & l'appui du Roi, tant pour ce qui regardoit leurs perſonnes, leurs familles, & l'exercice de leur religion, ſuivant le droit des gens & les coutumes de tous les autres païs, qu'à qu'à l'égard des Ecclésiastiques d'une autre religion que celle qui est en vogue où ils résident.

§. IX.

Si un Ambassadeur quittant son poste & ses fonctions pour faire un voyage de quelque tems, laisse son épouse & sa famille, peut-on continuër l'exercice de la religion dans ce cas chez l'Ambassadrice de la même manière que si l'Envoyé étoit présent? Je crois qu'on doit répondre qu'ouï; parce que la prérogative du libre exercice de la religion s'étend non seulement à la famille & à ceux de la suite de l'Ambassadeur, mais aussi à des étrangers, & même, au reste sous de certaines limitations, aux sujets du Souverain à la Cour de qui réside l'Ambassadeur, qui peuvent assister au service privé qui se fait dans son Hôtel: à plus forte raison, suivant l'analogie du droit des gens, cela doit être permis à une personne, qui participe d'une manière si prochaine & si pleinement aux droits & aux prérogatives de l'Ambassade.

§. X.

Je crois auſſi que cette liberté touchant l'exercice privé de la religion, dure encore après la mort même de l'Ambaſſadeur, juſqu'à ce que ſon épouſe ſe mette en chemin pour s'en retourner.

§. XI.

Mais voici une autre queſtion, qui eſt de ſavoir comme il faudroit juger du cas ſuivant: Un Ambaſſadeur étant de la religion de la Cour & du païs où il eſt envoyé, mais ſon épouſe en étant d'une autre, juſqu'où peuvent s'étendre les droits & les devoirs d'une Ambaſſadrice? Pour en bien juger, il faut décider les deux queſtions ſuivantes. Prémièrement: Si dans la ville ou le païs où l'Ambaſſadeur eſt envoyé, on ſouffre l'exercice public ou privé de la religion que profeſſe l'épouſe de l'Ambaſſadeur; ou ſecondement: Si la même choſe ſe fait dans un territoire voiſin, peu éloigné. Dans l'un & dans l'autre cas je penſe, que non ſeulement l'Aml'Ambaſſadrice doit profiter de ces occaſions, mais de plus qu'elle ne peut prétendre une plus grande liberté. Dans l'autre cas, il faut ſur-tout diſtinguer la manière dont l'Ambaſſadrice peut & doit uſer du ſervice divin de ſa religion pratiquée dans le païs voiſin. Savoir ſi elle eſt tenuë de ſe rendre elle-même toujours dans cet endroit, ou s'il lui eſt libre ou permis d'en faire venir un Eccléſiaſtique qui lui prêche & lui adminiſtre les Sacremens. Je crois que le prémier parti eſt le plus dans les règles, & qu'on ne doit ſe ſervir de l'autre que dans un cas de néceſſité, par exemple, s'il ſurvient une maladie, &c. & au ſçu de l'Ambaſſadeur non ſeulement, mais encore avec la permiſſion ou au moins avec la connivence de la Cour; faute de quoi le caractère d'Ambaſſadrice la mettra bien au reſte toujours en ſureté contre le reſſentiment du Souverain, mais l'Eccléſiaſtique s'expoſera au danger de ſe rendre malheureux & à la fureur d'un peuple ſuperſtitieux & forcené.

TOUT dépend de la manière de penſer d'une Cour ou d'un païs; car comme me il eſt bon de le remarquer, il y a beaucoup de choſes, qui ſont praticables en Hollande, qui ne le ſont ni à la Cour Impériale, ni à la Cour de France, & encore moins à celle d'Eſpagne.

HORS les deux cas ſusmentionnés, lorsque ni dans la réſidence, ni dans le voiſinage, il n'y a aucun exercice de religion pour l'Ambaſſadrice, il me ſemble qu'alors l'affaire dépend principalement de l'Ambaſſadeur; ſavoir, s'il veut prendre & ſouffrir quelqu'un dans ſa ſuite, qui faſſe le devoir d'Aumônier ou de Miniſtre auprès de ſon épouſe? Mais il faut qu'on ſe ſerve en pareil cas, de beaucoup plus de précaution & de contrainte que quand cela regarde l'Ambaſſadeur, deſorte qu'il faut que l'Aumônier ou le Miniſtre prenne un autre habit, & le titre de Sécrétaire d'Ambaſſade, ou de Maître d'Hôtel; il eſt obligé de faire le ſervice dans le cabinet de l'Ambaſſadrice, & il n'eſt permis à perſonne, qu'à ceux qui ſont & de ſa religion & de ſa ſuite, d'aſſiſter au ſervice qui s'y fait; il ne ſauroit y avoir dans l'appartement aucune forme de chapelle, tout

tout éclat extérieur, par exemple, de chanter, prêcher haut, & autres choses qu'on pourroit entendre en ruë, est défendu: il est encore moins permis à un Ecclésiastique, s'il ne veut s'exposer au danger de perdre la vie, d'exercer des actes ministériaux hors de la maison de l'Ambassadeur, auquel cas il est regardé comme criminel & exposé à la rigueur des loix du païs.

CHAPITRE XII.

De la conduite de l'Ambassadrice à l'égard des affaires.

§. I.

C'EST un ancien préjugé dans le monde, que les hommes sont plus propres au maniment des affaires que les femmes. Je ne m'arrêterai pas à en rechercher le fondement, cela ne pouvant d'ailleurs servir ici de rien. Il suffit que les choses aillent ainsi au-

aujourd'hui, quand même l'expérience journalière parleroit à cet égard en faveur du beau ſexe.

Il s'eſt contenté juſqu'à préſent de juger des affaires avec la prudence & la connoiſſance d'un Miniſtre, ſans en avoir pourtant le caractère, & quand il a été queſtion d'en faire l'épreuve, ſa manière de conduire les affaires d'Etat ne lui a jamais attiré ni honte, ni reproche. Les intrigues auxquelles les Dames ont eu part, ont toujours été les plus longues, les plus ruſées & les plus embrouillées.

§. II.

Je ne m'arrêterai qu'aux Ambaſſadeurs: le beau ſexe n'a eu qu'une ſeule fois l'honneur de produire une Dame qui ait été revêtuë du caractère & de l'emploi d'Ambaſſadrice, je veux dire Madame de Guebriant, dont nous avons déjà parlé dans le prémier chapitre.

Celles qui lui ont ſuccédé ſeulement en titre, ont eu au contraire cet honneur, qu'on leur a donné place dans les

les histoires, comme à des personnes qui ont été en état d'entamer, de finir & de réussir par leur esprit & par leur addresse dans des affaires d'Etat, avec autant de succès que le plus habile Ministre d'Etat.

§. III.

Je ne ferai mention ici que de deux affaires, qu'ont eu à conduire des Ambassadrices & qui ont été suivies de grandes conséquences. En 1677. le Prince Guillaume d'Orange aïant dessein de se marier avec la Princesse Marie d'Angleterre, l'épouse du célèbre Chevalier Temple, qui étoit Ambassadeur en Hollande, en fut la médiatrice. Celle-ci partit pour l'Angleterre, remit les lettres au Roi & au Duc d'Yorck, Père de la Princesse, & donna avis au Prince des sentimens & du panchant de la Princesse & du succès de sa négociation (*).

Et

(*) C'est là le récit de cette affaire, comme on le trouve dans le Théâtre de M. Ludolffs, *Tom. V. pag.* 299. où il en appel.

Et Mr. Nemeiz (*) dit de l'épouſe de Mr. de Meyercrona, Miniſtre de Danemarck à la Cour de France, qu'elle avoit été plus Miniſtre que lui, & qu'elle avoit poſé à Aix-la-Chapelle pendant qu'elle ſe ſervoit des bains, les fondemens préliminaires de la paix, qui ſe continua à Gertruydenberg & qui ſe conclut enfin à Utrecht.

Je n'ai promis que deux exemples: en voici pourtant encore un que Commines rapporte (†), d'une Dame que le Roi Edouart d'Angleterre envoya en France, où ſon frère le Duc de Clarance s'étoit retiré en la compagnie du Comte de Warwich, pour demander des troupes à Louïs XI. afin d'aller faire la guerre au Roi d'Angleterre, laquelle Dame fut ſi adroitement déguiſer

pelle aux Mémoires du Chevalier Temple. Mais l'Evêque Burnet ne parle point de cette circonſtance dans ſon Hiſtoire d'Angleterre & attribuë toute cette affaire au Lord Damby.

(*) Dans ſes penſées raiſonnables, *Part. IV. pag.* 126.

(†) Le parfait Ambaſſadeur, *p. m.* 245. *& ſuiv.*

ſer ſon déſſein au Gouverneur de Calais, qui étoit de la faction de Warwich, qu'il lui donna paſſage, & après qu'elle eut étroitement réuni les deux Princes frères, le Duc de Clarance retourna en Angleterre avec les troupes de France, ſe rangea du parti du Roi ſon frère, & ôta ce jour-là le Royaume & la vie au Comte de Warwich & à tous ceux de ſa ligue, par le moyen de cette reconciliation.

§. IV.

Les affaires que les Ambaſſadrices ont quelquefois entre elles, ou avec d'autres perſonnes de leur ſexe, pourroient à la vérité fournir matière à pluſieurs réflexions morales, mais elles ne doivent jamais trouver place dans un traité de droit: il pourroit ſouvent arriver des différens pareils à celui que rapporte Mr. le Marquis de Lamberty, le voici: Pendant que le Czar & le Roi de Suède ſe faiſoient la guerre, les deux Ambaſſadeurs de ces deux Puiſſances ſe la faiſoient auſſi: ce qu'il y avoit de ſingulier eſt, que les deux Ambaſſabaſſadrices diſputoient entre elles de la beauté. Il y avoit entre elles cette différence, que celui de Suède avoit pour la ſienne toute la complaiſance poſſible, & que le Ruſſien, pouſſé par la paſſion déréglée qui règne en Moscovie, je veux dire une exceſſive jalouſie, ne donnoit aucune liberté à la ſienne. On en dira (écrit Mr. de LAMBERTY) une petite particularité, pour divertir le lecteur. Cet Ambaſſadeur Ruſſien avoit fait appeller un Cordonnier pour faire des ſouliers à ſa femme. Cet ouvrier, après avoir pris la meſure de la longueur du ſoulier, voulut la prendre de la largeur. Il fallut pour cela qu'il élevât tant ſoit peu la jambe de l'Ambaſſadrice. Son époux en prit un accès de jalouſie, qui le porta à décharger pluſieurs coups de canne ſur le pauvre ouvrier & le fit chaſſer après l'avoir fort maltraité. Il ne perſiſta cependant pas fort longtems dans cette paſſion; car pour faire accroire qu'il en étoit revenu, & croyant par là s'être fort civiliſé, il lui lâcha dans la ſuite, peut-être à ſon dommage, un peu trop la bride. L'Ambaſſadeur de Suède avoit ce-

cependant de ſon côté quelque foibleſſe pour ſon épouſe.

§. V.

Au reſte on ne peut donner ici de règles abſolument certaines. Car qu'un Ambaſſadeur doive tenir ſécrettes les affaires dont il eſt chargé, c'eſt ce qu'on ne peut nier, c'eſt une choſe décidée depuis longtems. Mais que cela s'étende auſſi juſqu'à ſon épouſe, Grotius, Wicquefort & tous ceux qui ont écrit du droit des gens & des Ambaſſadeurs, n'en diſent pas le mot.

Un homme ſage, qui n'a pas épouſé ſa femme à cauſe de ſa capacité & de ſon grand jugement, ne lui ira pas confier ſes affaires.

Un mari ſage, qui a une épouſe dont il connoit la diſcrétion & le bon ſens, ne lui découvrira que ce qu'il croit lui pouvoir découvrir ſans risques; & elle de ſon côté ne demandera pas d'en ſavoir davantage que ce dont ſon mari a trouvé à propos de lui faire part.

Je ne vois pas non plus pourquoi un

un Ambaſſadeur en de certains cas ne pourroit pas s'ouvrir à ſon épouſe, qui à la faveur d'un eſprit de fineſſe & de pénétration, qui eſt particulièrement propre au beau ſexe, peut être en état de lui donner un avis qu'il ne trouve pas chez ſoi. Pourquoi ne pourroit-il pas prendre conſeil d'une perſonne qui eſt la plus affidée de ſes amies, & celle qui le touche de plus près dans le monde ?

UN Ambaſſadeur emploie-t-il ſa femme pour épier les ſécrets d'un autre Ambaſſadeur, celui-ci doit être ſur ſes gardes; n'y eſt-il pas, ſe découvre-t-il, tout ce qui peut conſoler ſon Souverain, c'eſt de ſe dire, qu'il a un Ambaſſadeur qui eſt peut-être honnête homme, mais qui n'a pas le don de garder un ſécret.

IL faut bien qu'on n'ait pas encore trouvé mauvais qu'un Ambaſſadeur prît ſon épouſe avec lui, puisque depuis 100. ans, on n'a point tenu de Congrès où il ne s'y ſoit trouvé au moins une Dame de ce rang.

§. VI.

§. VI.

Je remarquerai encore en finissant, que les Ambassadeurs de Venise qui mènent leurs épouses avec eux, sont, suivant Mr. Amelot (*), responsables des fautes qu'elles peuvent commettre. Mais il n'a pas trouvé bon de rapporter en quoi doivent consister ces fautes ; & je souhaite d'autant moins de les deviner, que les pensées de cet auguste Sénat & les miennes pourroient être très-différentes.

(*) Dans l'Histoire du Gouvernement de Venise, *Tom. I. pag.* 36.

CHAPITRE XIII.

De l'accouchement de l'Ambassadrice pendant l'Ambassade, & des cérémonies usitées en quelques Cours.

§. I.

JE passe des affaires d'Etat aux affaires domestiques, qui ne sont pas de moindre importance que celles-là, je veux dire à l'accouchement d'une Ambassadrice dans le lieu de la résidence de son mari.

§. II.

ON peut bâtiser l'enfant dans la chapelle que l'Ambassadeur a dans sa maison, de quelque religion qu'il soit.

§. III.

JE n'aurois rien de particulier à dire par rapport aux Parains & aux Marairaines, cela dépendant abſolument du choix des Père & Mère, ſi la coutume qu'on obſerve à la Cour de France, ne me donnoit occaſion de le faire. S'il arrive qu'une Ambaſſadrice de Veniſe accouche d'un fils à cette Cour, c'eſt le Roi qui en eſt le Parain, & qui lui fait la grace de le tenir lui-même ſur les fonds de bâtème. Cet honneur eſt accompagné de préſens, que fait le Roi tant à l'enfant qu'à la ſage-femme & autres domeſtiques de l'Ambaſſadrice.

En 1695. (*) Madame Erizzo, femme de l'Ambaſſadeur de Veniſe, accoucha à Paris d'une fille, qui fut bâtiſée à Fontainebleau le 11. Octobre, huit mois après ſes couches; le Roi fut le Parain & Madame fut la Maraine. Le Cardinal de Bouillon, Grand-Aumônier, en camail & en rochet, conféra ce Sacrement après la meſſe du Roi, dans la chapelle du Château, en préſen-

(*) Voy. Mémoires de Mr. Saintôt dans le corps cér. dipl. de Mr. du Mont, *Tom. I. pag.* 56.

ſence du Curé de la paroiſſe, qui étoit en étole. L'Ambaſſadeur aſſiſta au bâtème, mais l'Ambaſſadrice ne s'y trouva point; elle s'étoit bleſſée au ſein, la veille de la cérémonie.

MR. de Saintôt, Introducteur des Ambaſſadeurs, portant le préſent que le Roi Louïs XIV. faiſoit à la fille de Mr. Erizzo, Ambaſſadeur de Veniſe, il s'éleva entre eux une diſpute touchant le rang, que ce prémier décrit de cette manière: „ Le Roi de retour à Verſail-„ les, Mr. de Croiſſy me mit entre les „ mains une croix de diamans, avec „ ordre de la porter à Madame l'Am-„ baſſadrice, & de lui dire que le Roi „ la deſtinoit à Mademoiſelle ſa fille, „ qu'il avoit tenuë ſur les fonds. J'al-„ lai chez l'Ambaſſadrice, elle me fit di-„ re qu'elle étoit indiſpoſée, & qu'elle „ ne pouvoit recevoir le préſent que je „ lui portois, ſans le conſentement de „ Mr. l'Ambaſſadeur: on lui dit de ma „ part, que je viendrois le lendemain: „ l'Ambaſſadeur à ſon retour m'écrivit „ qu'il ſe rendroit chez moi; il crut bien „ que ce compliment m'engageroit à al-„ ler chez lui: je lui mandai, que mon

„ or-

„ ordre étoit de voir Madame l'Ambas-
„ ſadrice. Comme j'entrois en ſon Hô-
„ tel, le Nonce Cavallirini en montoit
„ les dégrés, je le joignis. L'Ambas-
„ ſadeur l'attendoit ſur le pas de la por-
„ te de la Sale. Je dis à Mr. l'Am-
„ baſſadeur: Mr. le Nonce va vous ren-
„ dre viſite, & moi je la rendrai à Mada-
„ me; j'eſpère en être bien reçu y ve-
„ nant de la part du Roi. Ma femme,
„ me dit-il, eſt indiſpoſée; elle eſt au
„ lit; vous pouvez me donner le pré-
„ ſent que vous lui apportez, mais
„ dans les formes. Puiſque vous vou-
„ lez, Monſieur, que ce ſoit dans les
„ formes, j'ai ordre de le donner à Ma-
„ dame l'Ambaſſadrice. Ma réponſe ne
„ lui plut pas: il me dit qu'il ſe plain-
„ droit au Roi de ce que je manquois à
„ une viſite concertée. La formalité
„ qu'il exigeoit, étoit de me conduire
„ dans la dernière pièce de ſon apparte-
„ ment, pour mieux aſſurer, en pré-
„ ſence de Mr. le Nonce, ſa prétention
„ d'avoir la main ſur moi, chez lui, aux
„ paſſages des portes, ce que mes pré-
„ déceſſeurs avoient toujours évité par
„ addreſſe. Comme je n'avois point

„ d'ordre de le voir, mais de porter le „ présent à Madame l'Ambassadrice, je „ me retirai; je n'avois donc garde de „ lui mander que j'aurois l'honneur de „ l'aller voir, j'eusse agi contre mes in- „ térêts; mais supposé que j'eusse été „ contraint de lui dire quelque chose, „ on n'est pas obligé selon nos coutumes „ de passer une enfilade de chambres a- „ vec celui qu'on cherche, pour com- „ mencer à lui parler assis quand on „ l'a trouvé à l'entrée de son apparte- „ ment. Si en Italie les coutumes sont „ différentes, heureusement je suis né „ François. Quelques jours après l'Am- „ bassadeur donna un Mémoire au Roi, „ par lequel il se plaignoit de l'affront „ que je lui avois fait, d'avoir manqué „ à une visite concertée, dont il deman- „ doit avec empressement une répara- „ tion convenable à l'injure que je lui „ avois faite. J'exposai pour toute ré- „ ponse le fait que je viens de dire."

APRE's le Bâtème de la fille de Mr. Erizzo, Ambassadeur de Venise, le Roi fit aussi des présens pour la sage-femme, la nourrice, &c. Voici comme Mr. de Saintôt rapporte cela: „ Le Roi m'or- „ don-

„ donna de porter cent Louïs d'or valant
„ 1400. francs que je reçus de ſon pré-
„ mier valet de chambre. Je voulus les
„ porter ce jour-là même à l'Ambaſſa-
„ drice, mais elle étoit-partie avec ſa
„ fille, craignant les ſuites de ſon mal;
„ je les donnai à l'Ambaſſadeur, qui en
„ fit largeſſe en partie à ſes domeſtiques,
„ quoiqu'ils fuſſent donnés à d'autre in-
„ tention."

Le 7. Décembre 1701. (*) le Roi fut Parain & Madame la Ducheſſe de Bourgogne fut Maraine du fils de Mr. Piſani, Ambaſſadeur de Veniſe. Sa Majeſté entendit la meſſe en bas à la chapelle. La meſſe finie, le Cardinal de Coislin, Grand-Aumônier, ſortit de la Sacriſtie en camail & en rochet, aſſiſté du Curé de la paroiſſe en étole, & vint au pié des dégrés du maître-autel; le Roi s'y rendit avec Madame la Ducheſſe de Bourgogne. L'Ambaſſadeur ſe mit à droite proche du Roi & l'Ambaſſadrice à gauche proche de la Princeſſe. Le fils

(*) C'eſt la relation de Mr. de SAINTÔT dans ſes Mémoires du cérémonial de France, chez Mr. du MONT, l. c. *Tom. I. p.* 53.

fils de l'Ambaſſadeur, porté par la ſage femme & ſuivi de ſa nourrice, fut placé entre le Roi & Madame la Ducheſſe de Bourgogne. Sa Majeſté le nomma *Louïs*. Un Gentilhomme de l'Ambaſſadeur préſenta le cierge au Curé, qui le donna au Cardinal pour le mettre entre les mains du Roi. La cérémonie finie, le Curé préſenta le regître des bâtèmes. Le Roi y ſigna, enſuite Madame la Ducheſſe de Bourgogne au-deſſous du Roi. L'Ambaſſadeur ſigna, *Piſani*, & mit ſa qualité d'Ambaſſadeur, ce qui étoit inutile, puisqu'elle étoit dans le corps de l'acte du bâtème; l'Ambaſſadrice ſigna auſſi, mais le Cardinal ne voulut point ſigner après l'Ambaſſadeur.

Le Roi ſe retirant fit compliment à l'Ambaſſadeur & à l'Ambaſſadrice: l'un & l'autre allèrent dans l'inſtant chez Madame la Ducheſſe de Bourgogne la remercier. Enſuite l'Ambaſſadeur ſe rendit au diner du Roi, attendit à la ſortie de table à lui rendre grace de l'honneur qu'il venoit de lui faire, & Madame l'Ambaſſadrice fit le ſoir ſon compliment au Roi après ſon ſouper. Je les accompagnai par-tout.

Le

Le Roi donna ordre au Sr. de la Vienne, ſon prémier valet de chambre, de me donner cent Louïs d'or à 12. francs pièce; je les mis entre les mains du Sr. de Villevas, pour les donner à Madame l'Ambaſſadrice, afin qu'elle les diſtribuât à la ſage-femme, à la nourrice & à ſes femmes de chambre, de la manière qu'elle le jugeroit à propos.

Je portai à l'Ambaſſadrice le portrait du Roi, enrichi de diamans, pour Monſieur ſon fils.

Le 28. Décembre 1735. (*) le Roi de France aujourd'hui régnant, tint ſur les fonds de bâtème le fils de Mr. Zeno, Ambaſſadeur de Veniſe, lui donna le nom de *Louïs*, & lui fit préſent d'un diamant de 12000. livres.

§. IV.

Les Turcs pourroient avoir entendu parler de cette coutume. Nonobſtant l'amitié de la Porte-Ottomanne avec Sa Majeſté le Roi très-chrétien, on n'a pour-

(*) Voy. Europæiſche Fama, *Part. XIII. pag.* 4.

pourtant encore pu la mêler dans les affaires de la religion, à cause de la bienséance ou du qu'en dira-t-on. Les Turcs n'ont pourtant pas manqué de faire voir en pareille occasion qu'ils savoient vivre, sur-tout si ce qu'on écrivit en 1749. par la Hollande est véritable. „ Les „ dernières nouvelles de Constantino- „ ple, dit-on, qui sont venuës par la „ voie de Venise & par celle de Livour- „ ne, portent, que la Comtesse de Dé- „ salleurs, épouse de l'Ambassadeur de „ France en cette Cour-là, & née Prin- „ cesse Lubomirska, y étoit accouchée „ d'une fille, & que le Grand-Seigneur „ n'en avoit pas été plutôt informé, qu'il „ en avoit fait faire des complimens à „ Leurs Excellences, & remettre en „ même tems des présens très-magnifi- „ ques pour l'enfant (*).

§. V.

EN 1687. on bâtisa à Paris dans l'église de S. Sulpice, le fils de Mr. Ferdinand

(*) Voy. Mercure historique, mois de Décemb. 1749. *pag.* 627.

nand Venceslas, Comte de Lobkowitz, Gentilhomme de l'Empereur & son Envoyé en France, & de Madame Marie Comtesse de Lobkowitz, née Comtesse de Dietrichstein. Le Parain étoit le Prince Philippe de Savoie & la Maraine la Princesse Louïse-Christine de Savoie. Il y eut quelques difficultés touchant les neuf noms que Mr. l'Envoyé souhaitoit que l'on donnât à son fils, parce que tous les Curés de Paris avoient ordre de l'Archevêque de ne point souffrir qu'on en donnât en si grand nombre. Il fallut aller à l'Archevêque pour remédier à cet obstacle, & il fut levé en considération de Mr. le Comte de Lobkowitz.

CHAPITRE XIV.

Des présens faits à l'Ambassadrice à l'occasion de sa résidence.

§. I.

L'USAGE de faire des présens aux Ambassadeurs qui sont sur le point de s'en retourner, ou qui font même déja partis, s'eſt ſi fort établi, qu'il fait actuellement partie des droits de l'Ambaſſade, il s'eſt même changé juſques-là en devoir, qu'un Ambaſſadeur a la liberté d'exiger un préſent de la Cour qu'il quitte.

POUR ce qui concerne les Ambaſſadrices, on n'a pas encore trouvé bon de paſſer cette coutume en devoir; mais s'il eſt arrivé qu'on leur ait fait quelquefois des préſens, ç'a été ſimplement l'effet d'une grace, d'une civilité, ou d'une affection particulière, que la Cour a bien voulu leur témoigner. De manière que tant la valeur du préſent, que la manière de le leur faire, dépend abſolument du bon plaiſir du Souverain.

IL n'y a que Charles XII. Roi de Suède, qui ait fait païer à la Veuve de feu Mr. Rump, Réſident de Hollande, 400. écus, qui eſt le préſent ordinaire qu'on fait aux Réſidens, quand ils s'en retournent à leurs Cours (*).

§. II.

LA Cour du Pape eſt la ſeule qui porte

(*) Mr. de LAMBERTY, l. c.

te sa liberalité jusqu'à faire des présens à toutes les Ambassadrices; mais au reste elle les fait d'une manière brillante & qui n'incommode aucunement la chambre du Pontife. En effet le présent ordinaire que reçoit une Ambassadrice à la Cour du Pape, ne consiste qu'en un Agnus Dei, & en quelques reliques.

Le Comte Gallas, Ambassadeur de Sa Majesté Impériale à Rome, aïant le 26. Juillet 1717. (*) sa prémière audience du Pape, ce Pontife envoya son Camérier d'honneur, Mr. Rasponi, à Madame l'Ambassadrice pour la complimenter sur son heureuse arrivée & lui faire quelques présens.

§. III.

Je ne sais d'ailleurs plus rien que je puisse faire entrer dans ce chapitre, si ce n'est de rapporter quelques exemples de la manière dont quelques Cours en ont usé à cet égard.

La Comtesse de Schomberg, dont l'époux s'arrêta en 1634. pendant quelques

(*) Lunig. l. c. *pag.* 439.

ques jours à la Cour de France, en qualité d'Ambaſſadeur de l'Empereur en Eſpagne, reçut de la Reine ſon portrait enrichi de diamans de la valeur de deux mille écus (*).

EN 1634. (†) Mylord Fielding fut envoyé au Duc de Savoie en qualité d'Ambaſſadeur d'Angleterre. Il avoit ſa femme avec lui. Il paſſa par la France, & la Reine fit un préſent à l'Ambaſſadrice d'une chaine de diamans, dont elle ſe para le jour qu'elle vint au Bal, que la Reine donna exprès pour elle.

EN 1647. (§) la Reine de France donna à l'Ambaſſadrice de Danemarc à ſon départ, une montre de 18000. livres; dans les deux fonds il y avoit les portraits du Roi & de la Reine.

LE Marquis de Malagon, Ambaſſadeur d'Eſpagne à la Cour Impériale, prenant en 1670. (§§) congé de Sa Majeſté, on fit préſent d'un précieux bijou à Madame ſon épouſe.

MA-

(*) Mém. de SAINTÔT. l. c. *Tom. I. p.* 82.
(†) Idem, *ibid.*
(§) Idem, *pag.* 88.
(§§) LUNIG. l. c. *pag.* 526.

MADAME de Lillienroth, épouse de l'Ambassadeur de Suède, reçut un fort précieux bijou montant à plusieurs mille écus, du Roi de France, pour la médiation de la paix de Ryswick (*), dont elle perdit dans une fête à Rotterdam en 1701. un diamant de mille pistoles, ce qui la rendoit inconsolable.

L'EPOUSE du Comte de Rosenberg, Ministre de Sa Majesté Impériale à la Cour de Portugal, s'en retournant en 1748. la Reine lui fit présent d'une montre d'or, avec une chaine enrichie de pierres précieuses & d'agates enchassées en or.

EN 1751. au mois de Novembre on marquoit de Rome, que l'épouse du Chevalier Capello, Ambassadeur de Venise, envoya à Sa Sainteté par le Père Lombardi de la Compagnie de Jésus, un pré-

(*) Ce sont les paroles de Mr. le Marquis de LAMBERTY dans ses Mémoires, *Tom. I. pag.* 693 Madame de Lillienroth étoit connuë par-tout pour une femme politique & qui possédoit entièrement son époux, si cependant il n'y a pas un peu de malice à la vouloir faire Médiatrice, ou si c'est seulement par une manière de dire; c'est ce que je laisse deviner à mes lecteurs.

présent, consistant en deux bassins d'argent artistement travaillés & remplis de différentes galanteries de cire d'un travail admirable. Le Pape les reçut avec beaucoup de contentement, & pour en marquer sa reconnoissance à Madame l'Ambassadrice, lui renvoya par le même Père Lombardi toutes les œuvres qu'il avoit données au jour & reliées en douze volumes, & deux statuës de porcelaine, dont l'une représentoit St. Jean de Nepomucène, avec une coupe enchassée en or.

L'ÉPOUSE du Général d'Ancim, Plénipotentiaire de l'Electeur de Saxe à la Cour de Russie, reçut pour présent à son départ de Pétersbourg au mois de Septembre 1751. une montre d'or enrichie de brillans, avec une pelice de zibeline couverte d'une riche étoffe, & une palatine.

MADAME la Comtesse de Tyrconel, épouse du Ministre de France à la Cour de Prusse, mort dans cette année, reçut à son départ de la part du Roi son portrait richement garni de diamans.

CHAPITRE XV.

Des droits de l'Ambaſſadrice après la mort de l'Ambaſſadeur ſon époux.

§. I.

UNE Ambaſſadrice ne reçoit point de lettres de récréance, ſoit qu'elle s'en retourne avec ſon mari, ou qu'elle le faſſe après ſa mort.

L'UNIQUE exemple que j'ai pu trouver touchant cela, eſt que Charles XII. Roi de Suède, donna à la veuve de Mr. Conſtantin Rump, qui avoit été Réſident de Hollande à la Cour de Suède pendant plus de 30. ans, lorſqu'elle voulut s'en retourner en 1706. une lettre de récréance, qui étoit conçuë en des termes ſi gracieux, qu'on s'en étonna, mais qui étoient un témoignage de l'eſtime particulière que ce Miniſtre s'étoit acquiſe pendant ſa vie.

§. II.

QUAND le mari d'une Ambaſſadrice vient à mourir, la veuve continuë de joüir de tous les droits du cérémonial dont elle joüiſſoit auparavant, juſqu'à ſon départ, & même juſqu'à ce qu'elle arrive ſur les terres du Souverain dont ſon mari défunt étoit Ambaſſadeur.

§. III.

SI un Ambaſſadeur meurt à la Cour de France & que ſa femme l'ait accompagné à ſon Ambaſſade, le Roi envoie l'Introducteur la complimenter de ſa part.

EN 1667. Hierolimo de Coſte, Ambaſſadeur de Savoie, mourut à Paris. Le Roi envoya le Sr. de Bonnevil complimenter la veuve, qui n'avoit nulle occaſion de venir à la Cour.

F I N.

LI-

LIVRES NOUVEAUX

qui se trouvent

à Hanovre & Leide, *chez*

ELIE LUZAC, FILS.

A.

A*brégé de l'Histoire universelle, depuis Charlemagne jusques à Charlequint, par Mr. de Voltaire*, la Haie 1753. 2 *vol.* 12.

Amilec, ou la Graine d'hommes; nouvelle édition avec des Remarques amusantes, Somn. 1754. 12.

Apologie des Jugemens rendus en France contre le Schisme par les Tribunaux séculiers, dans laquelle on établit 1. *l'injustice & l'irrégularité des refus de Sacremens, de Sépulture & des autres peines qu'on prononce contre ceux qui ne sont pas soumis à la Constitution* Unigenitus. 2. *La compétence des Juges Laïques pour s'opposer à tous ces actes de Schismes, troisième édition corr. & augm.* 1753. 3 *vol.* 12.

C.

C*onduite du Clergé justifiée par les Principes & les Faits établis dans les dernières Rémontrances du Parlement de Paris: Conduite du Parlement de Paris condamnée pas les mêmes Principes & les mêmes Faits*, Paris 1753. 4.

D.

D*ictionnaire (nouveau) des Passagers, François-Allemand. & Allemand-François*, Leipz. 1752. 8.

Eco

LIVRES NOUVEAUX.

E.

Ecole (l') des Demoiselles, ou Mémoires de Constance, Amst. 1753. 4 *part.* 12.

Education complette ou Abrégé de l'Histoire universelle, mêlée de Géographie, de Chronologie, à l'usage de la Famille Royale, de S. A. R. la Princesse de Galles, par Madame P. de Beaumont, Londres 1753. 3 vol. 12.

Elémens de Métaphysique, tirés de l'Expérience. 12.

F.

Folie (la) des prétendus Esprits-Forts, des Impies, des Indifférens & des Séparatistes dévoilée par divers Auteurs, Berlin 1753. 2 *vol.* 8.

H.

Helvetii (Jo. Claud. Adr.) Principia Physico-Medica, *Francof.* 1754. 2 tom. 4.

Hierne (Urb.) Acta Chemica Holmiensi, cum annotationibus Jo. Gotschalk Wallerii, *Stockh.* 1753. 2 tom. cum fig. 8.

Histoire & Avantures de Sir Williams Pickle, Ouvrage traduit de l'Anglois par l'Auteur des Mœurs, Amst. 1753 4 *part.* 12.

- - - - *du Syndicat d'Edmond Richer, par Edmond Richer lui-même*, Avignon 1753. 8.

- - - - *des Rois de Thrace & de ceux du Bosphore Cimmérien, éclaircie par les Médailles, par M. Cary*, Paris 1752. 4.

- - - - *& Analyse du Livre de l'Action de Dieu; Opuscules de M. Boursier relatifs à cet Ouvrage; Mémoire du même Auteur sur la Divinité des Chinois; Relation des démarches faites par les Docteurs de Sorbonne pour la réunion de l'Eglise de Russie, & Recueil des Pièces qui concernent cet affaire*, 1753. 3 vol. 12.

Hom-

Hommes (les), cinquième édition revuë & corr. par l'Auteur, Bresl. 1754. 2 *vol.* 8.

L.

Linnæi (Car.) Species Plantarum, exhibentes plantas rite cognitas ad genera relatas, cum differentiis ſpecificis, Nominibus trivialibus, Synonimis ſelectis, Locis natalibus, ſecundum ſyſtema ſexuale digeſtas, *Holm.* 1753. 2 tom. 8.

M.

Muſeum Teſſinianum, *Holm.* 1753. folio.

Mémoires pour ſervir à l'Hiſtoire de Port-Royal, par Mr. Fontaine, Colog. 1753. 4 *vol.* 12.

Métaphyſique (la) qui contient l'Ontologie, la Théologie naturelle, & la Pneumatologie, par l'Auteur de la Clef des Sciences & des Beaux Arts, Paris 1753. 8.

N.

Négociations de M. le Comte d'Avaux en Hollande, depuis 1679. *juſqu'en* 1684. Paris 1752. 3 vol. 8.

O.

Oeuvres de Mr. de Maupertuis, Lyon 1753. 2 *vol.* 12.

Origine de la grandeur de la Cour de Rome, & de la nomination aux Evêchés & aux Abbayes de France, par Mr. l'Abbé de Vertot, Lauſ. 1753. 12.

P.

Penſées de Sénèque recueillies par Mr. de la Beaumelle, & traduites en François pour ſervir à l'éducation de la Jeuneſſe, nouv. édit. Gotha 1754. 2 *vol.* 8.

Poëſies (les) d'Horace, traduites en François par le Batteux, nouv. édit. Paris 1753. 2 *vol.* 12.

* *Re-*

LIVRES NOUVEAUX.

R.

* *Recherches sur l'usage des Feuilles dans les Plantes, & sur quelques autres sujets rélatifs à l'Histoire de la Végétation, par Mr. Charles Bonnet, avec figures, gravées par Mrs. Wandelaar & van der Schley*, Göttingue & Leide 1754. 4.

Recueil des Arrêts rendus dans tous les Parlemens & Conseils souverains du Royaume au sujet de la Bulle Unigenitus, *& de ses suites depuis* 1714. *jusqu'à l'accommodement de* 1720. *inclusivement, pour servir de suite à l'Apologie des Jugemens rendus .... en France contre le Schisme*, 1753. 3 *vol.* 12.

S.

Siècle (le) politique de Louïs XIV. ou Lettres du Vicomte Bolingbroke sur ce sujet, avec les Pièces qui forment l'Histoire du Siècle de M. F. de Voltaire & de ses querelles avec Mrs. de Maupertuis & la Baumelle, suivies de la disgrace de ce fameux Poëte, Siecl. 1753. 8.

T.

Tradition des Faits qui manifestent le systême d'indépendance que les Evêques ont opposé dans les différens siècles aux principes invariables de la justice souveraine du Roi sur tous ses sujets indistinctement, & la nécessité de laisser agir les Juges séculiers contre leurs entreprises pour maintenir l'observation des Loix & la tranquillité publique. 12.

V.

Vie de Grotius, avec l'Histoire de ses Ouvrages, & des Négociations auxquelles il fut employé, par Mr. de Burigny, avec de nouvelles Remarques, Amst. 1754. 2 *vol.* 12.

www.ingramcontent.com/pod-product-compliance
Ingram Content Group UK Ltd.
Pitfield, Milton Keynes, MK11 3LW, UK
UKHW021141260726
13994UKWH00001B/251